훈민정음 모자음오행 성명학

한글 초성·종성(자음)과 중성(모음)까지 고려하는
최초의 완전한 천지인(天地人) 삼원(三元)오행성명학

훈민정음 모자음오행 성명학

ⓒ 김만태, 2022

2022년 6월 30일 발행

지은이　　김만태
펴낸이　　권익기
펴낸곳　　지식의 통섭
제　작　　연기획
등　록　　2022년 1월 3일
주　소　　서울특별시 서초구 도구로1길 60, 401호(방배동)
전　화　　010-3542-8007
이메일　　con2022@naver.com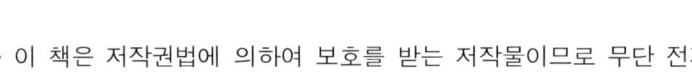
홈페이지　www.namestory.kr
ISBN 979-11-977574-1-9 93180

- 이 책은 저작권법에 의하여 보호를 받는 저작물이므로 무단 전재와 복제를 금합니다.
- 책값은 뒤표지에 있습니다. 파본은 구입처에서 교환해 드립니다.

훈민정음 모자음오행 성명학

한글 중성(모음)과 종성까지 고려하는
최초의 완전한 천지인(天地人) 삼원(三元)오행성명학

노겸 **김만태**
(동방문화대학원대학교 교수, 문학박사)

지식의 통섭

모자음(母子音)오행성명학 소개

'모자음오행 성명학'은 초성(자음)만으로 작명하는 기존 한글 소리성명학에 보태어, 『훈민정음해례』(국보 제70호)에 근거하여 중성(모음)과 종성(자음)까지 고려하는 최초의 완전한 천지인(天地人) 삼원(三元)오행 성명학이다. 그리고 뜻글자인 한자의 자원(字源)오행까지 선천 사주에 맞추어 고려한다.

삼원(三元): 초성(天)-중성(人)-종성(地)

홍길동

"**초성**은 발동하는[動] 뜻이 있으니 **하늘**[天]의 일이고,
종성은 그치는[靜] 뜻이 있으니 **땅**[地]의 일이고,
중성은 초성의 생겨남을 이어받아 종성의 이룸을
연결해주니[動靜] **사람**[人]의 일이다."

- 『훈민정음해례』 제자해(制字解) -

머리말

본 『훈민정음 모자음오행 성명학』은 먼저 출간한 『한국 성명학 신해』(2016년 초판, 2018년 보정판)를 근간으로, 제1부에서 제5부는 보다 일목요연하게 재정리하고 제6부 모자음오행 성명학 부분을 대폭적으로 보완한 책이다. 그래서 지금은 품절된 『한국 성명학 신해』의 수정 증보판이라고 할 수 있다.

오늘날 우리가 살고 있는 이 지구상에는 수많은 민족과 부족, 그리고 다양한 문화와 생활 방식이 공존한다. 아이를 낳고 기르는 출산 방식과 육아법 역시 마찬가지이다. 유럽을 비롯한 아시아, 아프리카, 미주 등지에는 제각기 독창적이라 여겨지는 출산과 육아 풍속도 적지 않다.

그러나 아기의 이름을 짓는 일은 어느 사회이든 매우 중요하게 여긴다. 이름을 갖게 되면 비로소 독립적인 개체, 그리고 소속 공동체의 일원이 되는 것이므로 작명은 곧 사회적 탄생을 의미한다. 출산이 생물적 탄생이라면 작명은 사회적 탄생이다.

프랑스 대혁명 이후, 유럽의 기독교인들은 영세(baptism)를 중시하여 세례명을 이름으로 사용하는 경우가 많았다. 성인(聖人)의 이름을 딴 세례명을 중시하게 된 이유는 그 성인이 아기를 보호해 준다고 믿었기 때문이었다. 물론 이러한 수호성인의 신앙은 성인의 수호를 기원함과 아울러 그의 덕성을 거울로 삼는다는 의미도 갖는다.

이제 핵가족 시대가 되면서 아기는 점점 흔치 않은 소중한 존재가 되어 더욱 개별적인 존재로 부각되고 있다. 따라서 부모들은 가능한 한 독창적이고 세련되며 좋은 이름을 지어주고자 애쓴다.

명리학적으로 좋은 이름이란 이름 주인공에게 맞는 좋은 기운을 지닌 이름이다. 이름은 후천적으로 갖추는 요소이다. 그러므로 이름 주인공이 선천적으로 갖고 태어난 기운, 즉 음양오행과 한난조습(寒暖燥濕: 온도와 습도) 등을 보완해서 중화(中和)를 이루도록 하는 이름이 가장 좋은 이름이다. 그리고 부르기 쉽고 듣기 좋으며, 시대에 맞고 너무 흔하지 않아야 한다.

사람들이 현세에서 행복을 소망하고 구하는 것은 인간의 본성이자 인생의 최상 목표이다. 철학과 종교에서는 마음 수양과 도덕적 성숙이 행복의 지름길이라고 강조하지만 대부분 사람은 '수(壽)·부(富)·귀(貴)'라는 지극히 세속적인 것에서 행복을 느낀다. 이에 따라 이름은 자신을 다른 사람과 구별하기 위해 부르는 호칭 부호라는 기본 의미를 넘어서 사람과 운명 간에 공명(共鳴), 즉 울림(resonance) 작용을 한다고 인식되었다.

『성경(the Bible)』과 『양아록(養兒錄)』에 등장하는 작명과 개명 사례들이 이를 잘 말해준다. 하느님(야훼)은 창조 행위의 일환으로 직접, 혹은 자신의 사자(使者)를 통해 당사자에게 이름을 부여하거나 기존 이름을 바꾸는 개명을 행하였는데, 이는 그 당사자에게 합당한 사명을 부여하기 위함이었다.

하느님이 아브람을 '많은 민족의 조상이 되라'는 의미로 아브라함으로 개명하고(창세기 17:5), 아브라함의 아내 사래를 '많은 민족의 어미가 되라'는 의미로 사라로 개명하고(창세기 17:15-16), '하느님과 겨루어 냈고 사람과도 겨루어 이긴 사람'이란 뜻으로 야곱을 이스라엘로 개명하고(창세기 32:29), '(야훼) 당신이 사랑하는 아이'라는 뜻으로 솔로몬에게 여디디야라는 새로운 이름을 주고(사무엘하 12:25), 즈가리야에게 아들이 태어나자 세례자인 요한이라고 이름 하게 한(루가 1:13) 기록들이 있다. 예수가 시몬을 '바위'라는 뜻의 베드로(게파)로 이름을 바꾸거나(요한 1:42),

제베대오의 아들 야고보와 그의 동생 요한에게 '천둥의 아들'이란 뜻으로 보아네르게스라는 이름을 새로 붙인(마르코 3:16-17) 기록도 있다.

『양아록』은 조선 전기 이문건(李文楗, 1494-1567)이 손자 이수봉(李守封, 1551-1594)이 태어난 1551년부터 1566년까지 양육하는 과정을 기술한 현존 최고(最古)의 육아일기이다. 자손이 귀한 집안에서 58세에 손자를 본 할아버지가 손자의 무병장수와 번성을 간절히 기원하며 진심과 애정으로 기록한 글이다.

이문건은 가정(嘉靖) 30년 신해(辛亥, 1551)년 정월 초5일 계사(癸巳)시에 손자가 태어나자 '성장하면 길(吉)하라'고 숙길(淑吉) 이라 이름을 지었다가 훗날 吉자를 곰곰이 생각해보니 종사종구(從士從口)라 오행상생(五行相生)의 뜻이 아니므로 '학문을 추구하라'는 의미로 준숙(遵塾)이라 개명하며, 다섯 번 산(筭)가지를 집으니 네 번이나 수봉(守封)이 나와서 수봉(守封)으로 다시 개명한 사례를 기록하였다.

사람은 누구나 태어나면서 어떤 형태로든 자신의 이름을 갖게 된다. 그 이름은 평생 동안 다른 사람들에게 불리어질 뿐만 아니라 후세까지 불러지기도 한다. 그러므로 이름은 단순히 몇 음절의 단어에 불과한 것이 아니라 자기 존재의 또 다른 모습으로 중요하게 작용한다.

이름은 좋은 뜻을 담아서 부르기 쉽고 듣기 좋게 짓는 것이 기본 원칙이다. 이에 더하여 작명가들은 음양·오행·사주·수리·역상 등의 요건도 함께 참고해서 길한 이름을 짓고자 한다. 그러나 작명가들마다 작명하는 방법과 기준이 다른 경우가 많아 같은 사람, 같은 이름을 두고서도 그 길흉 판단이 서로 다른 경우가 빈번하다.

이런 상황은 결국 성명학(작명법)에 대한 불신만 가중시키는 요인이 되고 있다. 그러므로 오늘날 한국 사회에서 널리 활용되고 있는 작명법들의 작명 기준과 요건들을 검토해서 현행 작명법들이 지닌 문제점들을 철저하게 분석 규명한 후, 학술적 견지에서 그 해결방안을 체계적으로 연구해서 제안할 필요성이 매우 크다.

이에 따라 본 책에서는 한글의 초성(자음)만으로 작명하는 기존 한글소리 작명법에 보태어, 『훈민정음해례』(국보 제70호)에 근거하여 중성(모음)과 종성(자음)까지 고려하여 작명하는 최초의 완전한 천지인(天地人) 삼원(三元)오행 작명법인 **훈민정음 모자음(母子音)오행 성명학**을 연구·창안해서 제시한다.[1]

그리고 뜻글자인 한자(漢字)의 자원(字源)오행까지 판별하여 선천 사주에 맞추어 고려함으로써, 정말 올바르고 완전한 음양오행 성명학이 제대로 정립되어서 사람들의 행복한 삶에 기여하는 데 도움이 되고자 한다.

                    임인년(壬寅)년 하지절 백악산(白岳山) 자락 성북동에서
                                      노겸(勞謙) 김만태 삼가 씀

---

[1] <훈민정음 모자음오행 성명학>의 연구 현황과 계보는 참고문헌(230쪽)에 수록한 김만태 교수의 연구 논저들이다.

저자 소개

노겸(勞謙) 김만태

* 勞謙: 지산겸(地山謙 ䷎)괘 구삼(九三)효

경력 동방문화대학원대학교 미래예측학과 교수(명리학·성명학)
　　　　동방문화대학원대학교 명리성명학연구소장(동양학연구소)
　　　　(사)K-문화융합협회 학제간융합위원장
　　　　前서라벌대학교 풍수명리과 교수·학과장

학력 안동대학교 대학원(문학박사)
　　　　　　　「한국 사주명리의 활용양상과 인식체계」(2010)
　　　　원광대학교 동양학대학원(문학석사)
　　　　　　　「명리학의 한국적 수용 및 전개과정에 관한 연구」(2005)
　　　　인하대학교 항공공학과(공학사)

연구실적

연구서 『한국 성명학 신해』(2016년 초판, 2018년 보정판)
　　　　『정선명리학강론』(2022) 등 9권
연구논문 한국연구재단 등재 학술논문 90편 이상

활동경력

한국명리성명학회 창립(2015년 한국연구재단 등록)
'김만태 교수의 모자음오행 성명학' 특허청 상표등록(제40-1641145호)
인천광역시교육청, 서울대학교 규장각한국학연구원, 원광대학교 동양학대학원, 경기대학교 예술대학원, 한양대학교 융합산업대학원, 가톨릭관동대학교, 경성대학교 경영대학원 등 특강 다수, 한국도교문화학회 공동 학술세미나(도교·노자·명리학) 개최
SBS 8시뉴스, MBC 생방송 오늘아침, KBS 아침뉴스타임, KBS 추적 60분(운명의 바코드 750105) 등 방송 출연 및 신문 보도 다수.
국립한글박물관 2022년 <화요 한글문화 강좌> 강연
— '한글에 우주의 원리가 담겨 있다? 한글 창제원리와 음양오행설의 이해'

목 차

머리말 5
저자 소개 9
목차 10

제1부 한국 사회에서의 이름과 이름짓기 13
   1. 이름이 갖는 의미 15
   2. 한국 사회의 이름짓기 경향 19
   3. 한국 사회의 이름짓기 특징 27

제2부 일본 81수 작명법의 영향 33
   1. 일본 81수 작명법과 구마사키 겐오 35
   2. 81수와 수리작명법의 관계 38
   3. 창씨개명과 일본 81수 작명법의 전파·영향 45

제3부 기존 작명법의 문제점 검토 53
   1. 기존 작명법의 개관 55
   2. 기존 작명법의 문제점 검토 58
      2.1. 한자·한글자모 획수와 수리오행 59
      2.2. 수리격 구분과 81수 61
      2.3. 한자 자원오행 65
      2.4. 한글 발음오행 66
   3. 기존 작명법의 비교 70

제4부 훈민정음의 제자 원리와 역학 사상 77
   1. 훈민정음의 역학적 배경 79
   2. 자음의 제자 원리와 역학적 의미 88
   3. 모음의 제자 원리와 역학적 의미 96
   4. 합자의 역학적 의미 104

5. 순음(ㅁㅂㅍ)과 후음(ㅇㅎ)의 오행 분별 106
土인 입술소리(ㅁ)가 水, 水인 목구멍소리(ㅇ)가 土로 잘못
전해진 역사적 까닭 118

제5부 선천 사주와 조화되는 좋은 이름 119
1. 둘 다섯의 조화, 음양오행 121
2. 운명 담론과 운명 함수 140
3. 확정성에서 가능성으로의 사주명리 146

제6부 해결방안으로서 훈민정음 모자음오행 성명학 153
1. 좋은 이름이란? 155
2. 이름짓기의 선결 요건 161
3. 모자음오행 성명학 소개 167
   한글 모자음오행 적용 예시 175
4. 모자음오행 성명학의 실증사례 분석 177
   ① 삼성그룹 창업주 이병철(李秉喆) 177
   ② 제5-9대 대통령 박정희(朴正熙) 181
   ③ 조선의 개혁사상가 허균(許筠) 184
   ④ 북학파 대표 진보지식인 박지원(朴趾源) 188
   ⑤ 연구자 부친 김종노(金鍾魯) 191
   ⑥ 연구자 모친 우말순(禹末順) 194
   ⑦ 『적천수천미(滴天髓闡微)』 저자 임철초(任鐵樵) 197
   ⑧ 중화민국·홍콩 저명 명리학자 서락오(徐樂吾) 203
   ⑨ 중화민국·홍콩 저명 명리학자 위천리(韋千里) 209
   ⑩ 육자진언(六字眞言) '나무아미타불'·'옴마니반메훔' 214
   ⑪ 대한민국 영화 초창기 명배우 김승호(金勝鎬) 218
   ⑫ 충무공 이순신(李舜臣) 223

맺음말 226
참고문헌 229
그림 출처 235

"천지 만물의 이치[道]는 오로지 음양과 오행일 뿐이다. 세상에 살고 있는 생명체가 어찌 음양을 버릴 수 있겠는가? 그러므로 사람의 소리[聲音]도 모두 음양의 이치[理]를 갖고 있는 것이다. 생각하건대 미처 사람이 살피지 못할 따름이다.

지금 훈민정음을 만드는 것은 처음부터 지혜로써 마련하고 애써 찾은 것이 아니라 소리에 따라 (본래부터 있던) 그 이치[理]를 다 밝혔을 따름이다."

— 『훈민정음』 제자해

제1부

한국 사회에서의 이름과 이름짓기

사람으로 태어나 이름이 없는 사람은 없다. 이름과 이름 짓기는 인류의 보편적 문화현상이다. 그러나 이름을 갖게 되는 경위는 각 문화권마다 차이가 있다. 이름을 짓는 과정에는 그 언어 공동체 특유의 사유 방식과 인식체계가 잘 나타난다. 또한 이름은 자신을 타인과 구별하기 위한 호칭 부호라는 본래 의미 외에 사람과 운명 간에 공명 작용도 한다고 인식되기도 한다.

이름은 나를 표현하는 수단이며 나 자신을 의미하는 상징이다. 이름이 운명을 좌우할 수 있다고 믿기에 작명소에서 좋다는 이름을 받아와 아이에게 지어주기도 하며 나 자신의 이름을 새롭게 바꾸기도 한다. 이름에도 경향성이 있으며 특정 시대에 더욱 선호되는 이름이 있기 마련이다. 그렇게 선호되는 이름들 안에는 그 시대의 가치관과 문화가 반영되어 있다.

이름의 일반적 특성은 개별성·중복성·계통성이다. 그 외 음양오행의 중화 및 상생 중시, 고유성과 운명성, 현세 중시 및 세속성 등이다. 이런 작명 행위는 숙명론에 무젖게 하는 장치가 결코 아니며 오히려 미래를 알 수 없다는 삶의 불확정성 앞에 압도당하지 않고 행복을 추구하려는 삶에 의지의 적극적 발현이다.

1. 이름이 갖는 의미

보통 이름이라 하면 성(姓) 아래에 붙여 다른 사람과 구별하여 부르는 말[名]이지만 성과 이름을 모두 합쳐 이름, 즉 성명(姓名)이라고도 한다. 국립국어연구원에서 펴낸『표준국어대사전』(1999)에서도 '성과 이름'이라 하여 성과 함께 표기되는 경우를 제외하고 그냥 '이름'이라 하면 '성명'을 의미하는 것으로 사용한다.

『설문해자(說文解字)』에 따르면 성(姓)은 女(여자 여)와 生(날 생)을 합친 회의(會意) 글자로서, 여자가 자식을 낳아 공동체를 형성하고 혈족을 계승하던 모계사회의 관념이 반영된 것이다. 명(名)은 夕(저녁 석)에 口(입 구)를 합친 글자로서, 저녁때 어두워서 서로 잘 볼 수 없기 때문에 이름을 불러 상대를 확인하던 풍습에서 파생되었다고 한다.

그러나 현대 문자학의 발달로 '名'에 대한 해석이 요즘 달라졌는데, 名은 축문[口] 위에 제수 고기[夕]가 올라가 있는 모양으로, 아이가 자라 씨족의 일원이 되었음을 조상께 제사를 지내며 정식으로 이름을 지어 보고하는 행위에서 비롯되었다고도 해석한다. 우리말의 '이름'은 "무엇이라고 말하다."라는 의미의 '이르다'에서 파생된 명사이다. 이러한 성명과 이름의 기원에서 이름이 갖는 기본적 의미를 알 수 있다.

노자(老子)의 『도덕경(道德經)』에서 "이름이 없으면 천지의 처음이고, 이름이 있으면 만물의 어머니(로서 이후 모든 존재를 설명할 수 있는 것)이다(無名天地之始, 有名萬物之母)."라는 표현과 『성서』<창세기>의 다음 내용은 존재의 본질을 통찰하고 인식해서 존재에 어울리는 의미를 부여하는 일련의 상징적 행위라는 맥락에서 이름을 이해할 수 있게 한다.

"한 처음에 하느님께서 하늘과 땅을 지어 내셨다. (…) 하느님께서는 빛과 어둠을 나누시고 빛을 낮이라, 어둠을 밤이라 부르셨다. (…) 야훼 하느님께서는 (…) 들짐승과 공중의 새를 하나하나 진흙으로 빚어 만드시고, 아담에게 데려다주시고는 그가 무슨 이름을 붙이는가 보고 계셨다. 아담이 동물 하나하나에 붙여 준 것이 그대로 그 동물의 이름이 되었다."

─『공동번역 성서』창세기

　이름은 사물의 본질을 표시하고, 이름을 알고 있다는 것은 곧 그 사물이 지니고 있는 내면의 특성까지도 간파하고 있는 것을 의미한다. 또한 어떤 사물에 이름을 부여한다는 것은 그 사물의 존재를 인정하는 것은 물론, 더 나아가서 사물에 대한 지배권을 의미하며 창조의 한 과정에 속하는 것이다.
　사람의 이름이 갖는 일반적인 역할은 그 사람이 누구인지를 밝히고 그 사람을 다른 사람과 구별시키는 것이다. 그러나 성서에서의 이름은 그런 일반적인 의미를 훨씬 뛰어넘어 그 이름을 지니고 있는 사람의 성격과 특성, 그리고 운명까지도 드러내는 역할을 한다. 사람에게 이름이 부여되는 것은 그 이름이 지니고 있는 의미가 곧 본인의 본성과 운명을 드러내는 일이라고 이해하였다.
　이런 인식은 동아시아 문화권에서도 마찬가지여서 이름을 짓는 데 신중하며, 자녀가 건강하고 행복하게 자라기를 바라는 마음을 이름에 담아내고, 이름이 좋지 않다고 생각되면 개명을 원하는 경우도 많다.
　일단 한 번 지어지면 수없이 불려지는 이름은 사람이 입고 있는 (좀처럼 벗기 어려운) 외투와 같고, 그 사람 외양의 일부가 되어서 본명인(本名人)의 특성과 정체성을 밖으로 드러내는 역할을 한다. 따라서 사람들이란 지구상의 어느 이름들을 다 합친 것보다도 자신의 이름에 더 많은 관심과 애착을 가진다. 당사자에게는 자신의 이름이 세상 그 어떤 단어보다도 가장 중요하면 가장 듣고 싶은 말이다. 그러므로 사람들은 자신의 이름을 자랑스럽게 여기고 그 이름을 영원히 명예롭게 남기고 싶어 하는 것이다.

『탈무드』에 나오는 세 가지 이름, 즉 "인간에게는 이름 셋이 있다. 태어났을 때 부모가 지어준 이름, 우정에서 우러나 친구들이 부르는 이름, 생애가 끝났을 때 얻게 되는 명성이다."라는 언급도 이름이 갖는 의미를 잘 표현하고 있다. 첫 번째 이름은 본명·성명·아명 등이며, 두 번째 이름은 별명·애칭 등이며, 세 번째 이름은 명성·명망·명예 등이다. 별명·명성 등 다른 두 이름과 달리 첫 번째 이름인 본명·성명·아명 등은 예부터 기복적 의미로 채색되는 경우가 많았다.

매일 식사 때 사용하는 수저를 넣어두는 주머니의 앞면에 '壽·富·貴·福' 글자나 이를 상징하는 물상(物象)을 수놓고, 뒷면에는 그 사람의 이름을 수놓아서 오복을 염원하던 풍습과 지금보다 나은 개인의 현실적 행복 추구를 위해 개명을 하는 오늘날의 경향은 전혀 무관한 것이 아니며 일맥상통한다. 현대사회는 정글에 비유될 만큼 생존 경쟁이 치열하다. 그렇다 보니 현대인들은 자신의 이름이 운명학적으로 좋지 않다면 과감히 바꾸려는 경향이 강하다.

사람들이 현세에서 행복을 소망하고 구하는 것은 인간의 본성이자 인생의 최상 목표이다. 철학과 종교에서는 마음 수양과 도덕적 성숙이 행복의 지름길이라고 강조하지만 대부분 사람은 '수

(壽)·부(富)·귀(貴)'라는 지극히 세속적인 것에서 행복을 느낀다. 이에 따라 이름은 자신을 다른 사람과 구별하기 위해 부르는 호칭 부호라는 본래의 의미를 넘어서 사람과 운명 간에 공명(共鳴) 작용을 한다고 인식되었다.

또한 현대사회에서는 이름이 하나의 이미지와 상징으로 작용하고 있다. 현대사회는 밖으로 보이는 것을 중요시하는 이미지(image) 사회이다. 그래서 성형을 통해 외모를 가꾸듯이 개명을 통해 이름을 더 좋게 바꾸려는 경향도 강해지고 있는 것이다. 그렇다 보니 자신의 개성을 표현하려는 경향이 강한 현대인들은 부모님이 지어주신 이름이더라도 촌스럽거나 마음에 들지 않으면 자신이 좋아하는 이름으로 개명하는 경우도 많다. 이름은 그 사람에 대한 인상(印象)을 좌우하기 때문에 중요하다고 여기는 것이다.

예를 들면 한국의 대표적 패션디자이너로 활약했던 앙드레김(1935-2010)이 있다. 그의 본래 이름은 '김봉남'이다. '앙드레김'이란 인물이 갖고 있는 재능과 잠재능력은 '김봉남'과 같았지만 만약 자신의 이름을 '앙드레김'으로 사용하지 않고, '김봉남'을 계속 사용했더라면 과연 '앙드레김'이라 불릴 때만큼 사회적으로 크게 성공할 수 있었을까? 아마도 그렇지 않았을 가능성이 훨씬 더 크다.

이름은 단순히 몇 음절의 단어에 그치는 것이 결코 아니라 사회문화적으로 자기 존재의 또 다른 모습으로 중요한 역할을 한다. 그러므로 이름, 즉 성명(姓名)에는 언어학적 관점으로만 이해하고 접근할 수 없는 그 무언가가 있을 것이라는 추론도 충분히 가능하다.

2. 한국 사회의 이름짓기 경향

오늘날 한국인의 이름, 즉 성명(姓名)은 부계혈통을 나타내는 성(姓)과 개인을 가리키는 명(名)으로 구성되어 있다. 성은 본관(本貫)과 결합하여 가문(家門)을 나타내고, 명은 항렬(行列)을 통하여 가문의 대수(代數)를 나타낸다. 지배층에서 성명이 일반화되기 시작한 것은 고려 초기부터이며, 인구가 증가하고 사회가 다변화되며 친족공동체가 분화됨에 따라 성과 본관도 세분화를 거듭해 왔다. 통계청이 지난 2015년 조사한 자료에 따르면 우리나라에는 534개 성씨와 15,101개 본관이 있는 것으로 조사되었다.

성과 이름을 쓸 때 한국에서는 성이 이름보다 먼저 온다. 왜냐하면 가문의 성을 개인의 이름보다 중요하게 여기기 때문이다. 이에 반해 서양에서는 개인의 이름부터 먼저 쓰고 뒤에 가문의 성을 쓴다. 그래서 영어의 name에서도 이름은 맨 앞에 오는 'first' name이 되고, 성은 맨 뒤에 오는 'last' name이 된다.

한국은 가문을 개인보다 중요시하는 문화이기에 여자가 혼인하면 출가외인이라고 하면서도 본래의 성을 바꾸지는 않는다. 이에 반해 개인이 가문보다 중요시되고, 개인의 이름을 가문의 성보다 먼저 앞세우는 서양에서는 여자가 혼인하면 남편의 성을 따라 자신의 성을 바꾼다. 왜냐하면 서구문화에서 혼인은 가문과 가문의 결합이 아니라 개인과 개인의 만남이라는 인식을 바탕으로 하기 때문이다. 그래서 서양 여성은 혼인을 하면서 자신의 본래 성, 즉 family name, last name을 당연하게 바꾼다.

성을 이름보다 앞세우는 한국 문화는 사회생활의 호칭에서도 그대로 나타나는데, 김 선생, 이 과장, 박 교수처럼 이름은 사라지고 성으로만 부른다. 반면 서양에서는 사회 직책과 상관없이 서로의 이름을 부르고 좀 더 친근해지면 곧 애칭을 부른다.

 똑같이 '가문 성+개인 이름'으로 구성된 성명을 쓰는 한국과 중국·일본이지만 다른 면이 있다. 자신의 성명을 영문으로 적을 때 중국인은 성을 먼저 쓰고, 일본인은 이름을 먼저 쓴다. 이는 자신의 본래 것을 보다 중시하는 중국 문화와 외부 문물에 개방적인 일본 문화의 차이에서 나타난 현상이다. 하지만 한국에서는 혼용되는 경우가 많다. 즉 홍길동을 영문자로 표기할 때 Hong Gil Dong이나 Gil Dong, Hong으로 표기하는데 이 또한 한국 문화의 현 모습이다.

 본디 한국인의 이름은 토착어인 알타이제어(Altaic languages)로 지어졌을 것으로 추정된다. 예를 들면 『삼국사기』에 "거칠부(居柒夫)는 황종(荒宗)이라고도 하였는데 성이 김 씨이다."라고 하였으니, '居柒'은 우리말 '거칠'을 음으로 표기한 것이고 '荒'은 그 뜻을 따서 한자로 번역 표기한 것이다. 이러한 예는 상당히 많은데 『삼국유사』에도 "혁거세왕(赫居世王)이라 이름 했는데 아마 우리말일 것이다. 혹은 불구내왕(弗矩內王)이라고도 하니 밝게 세상을 다스린다는 뜻이다."라는 기록이 있는데, '弗矩內'는 우리말의 '밝은 누리'를 음으로 표기한 것이고 '赫居世'는 그 뜻을 한자로 옮긴 것이다.

 그러나 한자(漢字)의 유입과 성(姓)의 보급에 따라 고려조에서 점차 후대로 올수록 토착어 이름을 짓는 경우가 줄어들며 한자식 이름을 짓는 경우가 많아졌다. 고려조까지만 하더라도 왕족도 토착어 이름을 갖는 경우가 많았으나 조선조에 이르러서는 양반뿐 아니라 일반 백성들도 한자식 이름을 짓는 경향이 많아졌다.

예를 들면 『조선왕조실록』 태종 13년(1413) 12월의 기사에 나오는 이름들에서도 이런 변화양상을 읽을 수 있다. 김영부(金英富)·임전(任腆)·김철(金哲)·용안(龍安)·이실(李實)·이의산(李宜山)·왕양귀(王陽貴)·이양(李陽) 등은 한자식 성명이며, 신가구지(申加究之)·이어구지(李於仇知)·왕거이두(王巨伊豆)·왕거을오미(王巨乙吾未)·왕거을금(王巨乙金)·○가물(○加勿) 등은 성에 토착어 이름이 붙여진 것들이다.

『예기(禮記)』에는 자식의 이름을 짓는 법에 대해 적고 있고, 『춘추좌전(春秋左傳)』에는 이름을 짓는 다섯 가지 방법에 대해 자세히 기술하고 있다. 또한 태종을 도와 조선의 기틀을 마련한 하륜(1347~1416)이 아들의 이름을 久(오랠 구)라고 지으면서 이름의 뜻이 담긴 글을 적었듯이 예전에는 이름을 지어줄 때 그 의미를 함께 적어서 주는 경우가 많았다.

"나무가 자라기를 오래하면 반드시 산중에 우뚝 솟고, 물이 흐르기를 오래하면 반드시 바다에 다다른다. 사람의 배움도 그러하니 오래하여 그치지 않으면 반드시 공을 이루는 데 이른다. 너의 이름을 구(久)라고 하니 너는 이름을 마음에 새기고 뜻을 생각하여 감히 방자하지 말며 삼갈 것이며 (학문에) 힘쓸지어다."

역사적으로 한국 사회에서 작명의 경향은 크게 두 가지로 구분할 수 있는데, 하나는 가문마다의 항렬자를 따라 이름 짓고 다른 하나는 항렬자를 따르지 않고 이름짓는 것이다. 항렬자를 따르는 방식은 주로 양민 이상의 남성들에게, 항렬자를 따르지 않고 짓는 방식은 노비나 여성들에게 적용되었다. 항렬자를 따르는 경우도 다시 세분되는데 오행(五行)을 기준으로 하기, 천간(天干)을 기준으로 하기, 지지(地支)를 기준으로 하기, 숫자(數字) 순서로 하기, 덕목(德目) 문구로 하기, 절충하기 등으로 나뉜다. 항렬자에 의하는 경우에도 대부분 오행의 상생 배열을 따르고 있다.

- 오행 상생(木火土金水)
  남양홍씨(당홍계): 桂—熙—重—鉄—淇—東—然—喆—商—求

- 천간(甲乙丙丁戊己庚辛壬癸)
  전주이씨(담양군파): 愚—九—南—寧—盛—紀—康—宰—聖—揆

- 지지(子丑寅卯辰巳午未申酉戌亥)
  교동인씨: 敎—秉—演—卿—震—範—準—東—重—猷—成—夏

- 숫자(一二三四五六七八九十)
  반남박씨: 雨—天—春—憲—吾—章—虎—謙—旭—平

- 덕목 문구 ⇒ 오행 상생
  양성이씨:　聖—賢—仁—義—禮—智—洙—來—煥—奎—鎬—濟—柄—燦—基—鍾

- 천간 ⇒ 오행 상생
  고령박씨(부창정공파): 九—炳—河—成—紀—慶—新—重—癸—根—爀—奎—鐸—求

- 土水禾 교대
  한산이씨(호장공계): 在—承—稙—珪—求—馥—遠—濬·洙—秙·禾—培·膞—淳·灝·來·穗

• 水木 교대 ⇒ 오행 상생

고령신씨: 淸─權─祿─模─求─休─雨─植─浩─秀─熙─圭─鍾─永─相─爕

  항렬자를 따르지 않는 경우는 출생 상황(태몽·시기·장소·서열)을 반영하기, 부모의 소망·감정을 반영하기, 외모·재능상의 특징을 반영하기, 순우리말로 짓기, 믿는 종교의 인명을 빌려서 짓기 등이 있다.

  순우리말 이름이 우리 민족의 정서를 담고 있으며 순수하고 친근감이 느껴진다는 등의 이유로 1980년대부터 순우리말 이름짓기가 젊은 부부들 사이에서 크게 유행하였다. 그 영향으로 박차고나온놈이샘이나·조아라우리고은이 등의 파격적인 이름부터 이슬·슬기·초롱·한별·별님·꽃님·엄지·반지·아람·보람·힘찬·겨울·하늘·나루·나리·잔디 등 다양한 순우리말 이름이, 특히 여자아이를 중심으로 많이 지어졌다. 그러나 아이들이 성장해서 본격적으로 사회활동을 시작한 1990년대 중반부터는 순우리말 이름이 오히려 놀림감이 되고 가벼워 보이며 사용에 불편하다는 등의 이유로 오히려 한자 이름으로 다시 개명하는 경우가 많아졌다.

  순우리말 이름이 아이에게는 깜찍하고 예뻐서 적당하지만 어른에게는 유치하고 권위가 없어 보여서 어울리지 않는다는 평을 받기 쉽다. 그리고 한자문화권인 우리나라 사회생활에서는 한자 이름이 필요한 경우가 많은데 이럴 때마다 불편하다. 더욱이 중국이나 일본 등 한자문화권 국가로 유학이나 출장을 갈 경우에는 한자 이름이 반드시 필요하다. 한글의 우수성과는 별개 문제로 생활상의 편리성과 사회적 여건상 순우리말 이름보다 한자 이름이 여전히 선호된다는 점이 현대 한국 사회에서 작명의 특징적 경향

중의 하나이다.

　선호하는 이름자도 시대에 따라 달라지고 있다. 따라서 시대별 선호 이름은 그 시대에 선호된 가치와 문화를 반영한다고 볼 수 있다.

　대법원에 출생 신고된 이름의 통계를 살펴보면, 1945년부터 1950년대까지 출생 신고된 남자아이는 영수·영호·영식·영철 등 '길 영(永)'자가 들어간 이름이 압도적으로 많았다. 예전에는 어린 나이에 일찍 죽는 아이들이 많았기에 길고 오래 살라는 뜻으로 '길 영(永)'자가 선호되었던 것이다.

　1940년대 중후반에 출생 신고된 여자아이는 순자·영자 등 일본어로 소녀를 의미하는 '자(子)'가 들어간 이름이 가장 많았다. 이는 일제강점 지배하의 영향이 아직 남았었기 때문이었다. 1950년대까지 '맑을 숙(淑), 곧을 정(貞), 공경할 경(敬), 순할 순(順)'처럼 여성의 전통적 규범과 관련되는 글자가 들어가는 영숙·정숙·경숙·정순 등이 여자아이 이름으로 선호되었다. 이는 당시에 전통적 여성 가치관이 강조되고 있었음을 말해 준다.

　1960년대 이후 경제성장·산업화·도시화가 빠르게 진행되면서 남자아이 이름에는 사회적으로 성공하라는 뜻의 '이룰 성(成)·밝을 성(晟)'과 큰 업적을 쌓으라는 뜻의 '공 훈(勳)'자가 선호되기 시작하였다. 여자아이 이름에는 아름다운 여성이 되라는 뜻에서 '아름다울 미(美)'자가 선호되었는데 1960년대부터 붐이 일기 시작한 미스코리아·메이퀸 등 미인선발대회의 영향도 컸다.

　1970년대는 남녀 아이 모두 '알 지(知), 지혜 지(智)'처럼 학업 성취와 관련되는 글자들이 이름에 선호되기 시작하였다. 이때는 6·25전쟁 후 베이비붐 세대(1955-1961년생)가 본격적으로 교육 현장에 등장하여 경쟁하던 시기였으므로 이에 따른 높은 교육열이 반영된 결과이다. 그리고 '은 은(銀)'자가 들어가는 여자아이 이름이 선호되었는데, 부드러운 어감을 주면서도 은행(銀行)처럼 물질적 부와 재물을 상징하기 때문이었다. 이는 1970년대에 가장 선망되던 직업 중의 하나가 은행원이었다는 사실과도 결코 무관하지 않다.

1980년대부터는 이름의 양상이 이전에 비해 보다 다양화되고 세련되어지는데 이는 가치관의 분화·다양화 및 개인의식의 증가, 매스 미디어의 영향 증대 등과 밀접하게 관련된다. 그래서 남자아이는 지훈·성민·현우·동현, 여자아이는 지혜·지은·수진·혜진·은지 등과 같이 그동안 한국 사회가 현대화 과정에서 축적해온 다양한 가치관이 반영되면서도 세련된 이름들이 선호되기 시작하였다.

이런 양상은 1990년대에도 그대로 지속되는데 특히 여자아이 이름은 유진·민지·수빈·지원·지현 등으로 더욱 세련되게 변화한다. 그리고 1990년대부터 여자아이 이름에서 선호되기 시작한 '민'자가 문민정부(1993-1998), 국민의 정부(1998-2003) 시기를 거치면서 '민'자에 대한 거리감이 줄고 호감도가 높아져 '옥돌 민(珉), 하늘 민(旻)'자 등으로 지금까지 남녀 아이 이름 모두에서 선호되고 있다.

2000년대에 들어서면서부터는 TV드라마 주인공의 이름이 아이들뿐 아니라 개명하는 성인들 이름에까지도 커다란 영향을 끼쳤다. 대표적인 예가 2000년에 방영된 드라마 ≪가을동화≫의 남녀 주인공 이름인 준서(송승헌 분)와 은서(송혜교 분)이다. 어감상 '준'은 남자 이름에, '서'는 여자 이름에 더 잘 어울린다. 따라서 이후 2010년대 지금까지 남자아이 이름에는 준서·민준·서준·하준·예준 등 '준'자가 들어가는 이름, 여자아이 이름에는 민서·서연·서현·서윤 등 '서'자가 들어가는 이름이 가장 선호되고 있다.

법원의 전자가족관계등록시스템(http://efamily.scourt.go.kr)에서 제공하는 통계 정보에 따르면, 2021년 1월 기준으로 출생신고 시 가장 선호하는 남자아이 이름은 '도윤'이었고 그 다음으로 서준·하준·은우·시우 등의 순이었다. 여자아이 이름은 '서아'가 가장 인기가 있었고 그 다음으로 하윤·지안·서윤·하은 등의 순이었다.

같은 기준으로 개명 시 남자는 민준·서준·도윤·현우·우진, 여자는 지안·서연·지원·수연·서윤이라는 이름을 선호하는 것으로 나타났는데, 2000·2010년대의 작명 경향성과 달라졌지만 비슷한 양상은 유지하고 있다.

글로벌 시대에 부응하여 영어로 발음하기 쉽게 이름을 짓는 것도 최근 두드러진 현상이다. 더 나아가 한국어 이름 외에 영어 이름도 함께 가지는 경향도 점차 많아지고 있다. 그리고 사회적으로 남녀의 역할 구분이 사라지고 있는 추세에 맞춰 언뜻 들어서는 남자인지 여자인지 모호한 중성적인 이름도 많이 선호하고 있다.

이름은 나를 표현하는 수단이며 나 자신을 의미하는 상징이다. 우리는 이름이 운명을 좌우할 수 있다고 믿기에 작명소에서 좋다는 이름을 받아와 태어난 아이에게 지어주기도 하며 나 자신의 이름을 새롭게 바꾸기도 한다. 그렇기에 이름에도 일종의 트렌드, 즉 유행과 경향성이 있으며 특정 시대에 더욱 선호되는 이름이 있기 마련이다. 그렇게 선호되는 이름들 안에는 그 시대의 가치관과 문화가 반영되어 있는 것이다.

3. 한국 사회의 이름짓기 특징

이름에는 이름의 주인공인 특정 개인을 지칭한다는 개별성, 그럼에도 불구하고 동명이인이 다수 존재한다는 중복성, 성과 항렬자 등을 통해 가계의 특성을 반영한다는 계통성 등이 존재한다. 그러나 이것들은 한국인의 이름이라면 대부분 갖는 일반적 특징이다.

이와 별도로 운명신앙적 관점에서 나타나는 이름짓기의 특징을 다섯 가지로 정리해 볼 수 있다. 주술성-역설과 유사 주술, 음양오행의 중화 및 상생 중시, 고유성과 운명성, 현세 중시 및 세속성 등이 그것이다.

첫째, 운명신앙적 관점에서 작명 행위는 '주술성-역설과 유사 주술'과 매우 밀접한 관련이 있다. 태어난 아기가 장차 잘되게 하기 위한 일념으로 부모는 우선 아기에게 좋은 이름을 지어 주려고 한다. 좋은 이름은 부를 때마다 잘되라는 축복이 되며 나쁜 이름은 망하라는 욕이 된다는 생각에서이다. 그러나 천명위복(賤名爲福)이라 해서 귀한 아이일수록 오히려 아명(兒名)으로 비천한 이름을 지어 주었다. 왜냐하면 그래야 사악한 귀신들의 시기와 질투를 피해 잘살 수 있다는 믿음 때문이었다. 그래서 조선조 고종 임금의 아명은 '개똥이'였고 황희 정승의 아명은 '도야지'였다. 지금도 아이의 본명을 두고서 어른들이 일부러 '똥개' '밉생이'라고 부르는 경우가 많다.

아이가 잘 자라기를 바라는 부모의 본래 소망대로라면 '길동(吉童)'이나 '귀동(貴童)', '금동(金童)', '옥동(玉童)'이가 '좋은 아이', '귀한 아이'란 뜻의 이름이므로 적합하겠지만 오히려 역설적으로 천박한 '개똥이'가 연상되는 '개동(介同)', '계동(季同)'이란 이름을 붙여서 잡귀의 질투를 예방하고 무병장수를 기원하였다. 몽골에서도 역신(疫神)을 속이기 위해 집에서 사용하는 '이상한' 이름이 따로 있다. 남자 아이가 여자 이름을 가지거나 어떤 경우에는 심지어 개[犬]의 이름을 가지기도 한다.

딸아이에게 '끝년'이나 '말숙'이 '종희', '막녀' 등으로 이름을 붙여 자녀의 출산을 중단하고자 하며, 아들이 귀한 집에서는 딸아이에게 '붙들이'나 '바래', '후남(後男)'이라는 이름을 붙이기도 하였다. '끝'이나 '말(末)', '종(終)', '막(莫)'이 마지막이란 뜻이므로 단산(斷産)을 기원하고, '붙들이'나 '바래', '후남'는 사내아이를 붙들어 오거나 바라며, 다음[後]에는 꼭 아들을 낳을 수 있도록 해달라는 유사주술(類似呪術, homeopathic magic)의 일종이다. 이러한 주술적 작명 풍속은 티베트에서도 있으며, 구약성서 시대에도 귀신들이 매력적인 아이들을 소유하려 한다고 믿었기 때문에 혐오감이 느껴지는 이름을 아이에게 붙여 주기도 하였다.

주술의 특성은 ① 공감 원리의 잘못된 적용으로 인한 비합리적인 사고의 결합 ② 초자연적인 존재와 초월적인 힘의 직접 조작·통제 ③ 주술 행위를 통한 감정 표현과 심리적 안정, 미지세계에 대한 불안 해소 ④의례 그 자체가 목적이 아닌 제액초복(除厄招福)이라는 즉각적이고 실용적인 목적의 지향 등으로 요약할 수 있다.

천명위복의 작명 행위는 초자연적 존재인 귀신을 사람이 직접 속이고 조작·통제하려는 주술 행위이다. 예쁜 아기를 보고도 사람들이 오히려 "그 놈 밉게 생겼다, 밉상이다."라고 반대로 말하는 것도 같은 이치이다. 딸아이에게 '말', '종', '후남' 등의 이름을 붙여서 단산이나 득남을 기원하는 행위는 유사주술에 해당하는 행위이다. 이에는 말이 씨가 된다는 언참(言讖) 사상과 말의 주력

(呪力)을 믿는 관념이 농축되어 있다.

둘째는 음양오행의 중화 및 상생의 중시이다. 성명자의 배합에서 상생을 중요시하는 관념은 굳이 운명신앙적 관점에서 이름을 짓는 경우가 아니더라도 강조되었다. 즉, 항렬자를 따라 이름을 지을 때도 오행을 따르는 경우 모두 오행의 상생 배열인 '木-火-土-金-水'를 따랐지 상극 배열인 '木-土-水-火-金'이나 '木-金-火-水-土'를 따르는 경우는 없었다. 단지 이름에 음양오행의 중화와 오행의 상생을 중시하는 인식은 운명신앙적 관점에서 보다 구체적이며 체계적으로 작명에 반영되었다.

이름에서 음양오행의 중화 및 상생을 중시하는 인식은 이름의 고유성·운명성과도 직접적으로 관련된다. 좋은 사주가 되려면 사주 중에 음양과 오행이 골고루 분배되어 있어야 한다. 만약 사주 중에 음기(陰氣)가 강하고 양기(陽氣)가 약한 경우에는 양수(陽數)를 가진 이름자로 보완해야 하고, 오행이 편중된 사주라면 왕(旺)한 것을 억누르고 쇠(衰)한 것을 도와주는 오행이 이름자에 보완되어야 당사자에게 진정 좋은 이름이라고 할 수 있다.

1634년 명나라의 당금지(唐錦池)가 편찬한 명리원전『연해자평(淵海子平)』은 현대 사주명리 이론 체계를 완성한 사주명리서이다.

『연해자평』에서도 "인명의 영고득실은 모두 오행의 생극 중에 있는 것이고, 부귀빈궁도 팔자의 중화 밖에 있는 것이 아니다.", "중화의 기를 얻어 취하면 복록과 수명이 편안하고 모든 일이 마땅하게 된다.", "오행의 귀함은 중화에 있으니 이치로써 귀함을 구할 것이지 삼가 구차하게 말하지 말라.", "오행은 매우 지나쳐서는 안 되고, 팔자는 모름지기 중화를 얻어야 한다. (…) 장수는 중화를 얻었기 때문이고 요절은 편고하여 잃었기 때문이다.", "중화는 복이 되고 편당은 재앙이 된다."고 하면서 중화의 중요성을 거듭 강조하였다.

셋째는 이름의 고유성과 운명성이다. 이름은 개별적이기도 하지만 중복적이기도 하다고 앞서 말했는데, 이름 주인의 사주와 연관이 되어 이름이 지어지고 불리어질 때는 고유한 것으로 되어 그 사람의 운명에 간여하는 이름이 된다고 운명신앙적 관점에서는 말한다. 사람의 타고난 운명은 생년월일시의 사주로 일정 부분 정해지며, 이름은 그 선천적 운명의 범주 내에서 후천적으로 영향을 미치는 유도력(誘導力) 작용을 한다고 본다. 이름이 가능성으로서의 운명을 인도하는 역할을 하려면 그 사람의 사주와 상호 연관이 되면서 일상생활에 직접 관여하는 이름이어야 한다. 분명한 사실은 이름 그 자체의 길흉을 떠나서 그 주인의 선천적 사주의 음양오행과 격국(格局)을 보완해 줄 수 있는 이름이 좋은 이름이라는 것이다.

음양오행과 사주명리학에 관해 전문 지식이 없는 일반 부모들이 직접 아이 이름을 짓는 경우에는 생년월일시, 즉 사주에 지나치게 얽매이지 말고 부르고 쓰기 좋게 지으라고 말하는 경우도 있다. 하지만 거의 대부분은 작명에는 사주와 연관하여 조화시키는 것이 가장 중요하며, 만약 이 조화 관계가 잘못되거나 하면 사주의 운을 발휘하지 못할 뿐만 아니라 오히려 역효과를 내는 수가 많으므로 이름은 당사자의 사주와 연관·조화되어 고유성·운명성을 띠어야 한다고 말한다.

성명(개별성·중복성) + 사주(생년월일시) ⇒ 고유성·운명성

이름의 고유성과 운명성

넷째는 현세 중시 및 세속성이다. 지금은 성별을 그다지 가리지 않고 한두 자녀만을 두는 경향이 일반적 추세라서 남아뿐 아니라 여아의 경우에도 이름을 지을 때 부모들이 정성을 많이 기울인다. 그러나 불과 1970년대만 하더라도 여학생은 한 학반에도 같은 이름이 두어 명이 겹치는 경우가 허다했다. 여아의 이름을 지을 때는 남아만큼 신경을 쓰지 않았다는 반증이다. 남아의 경우에는 가능한 항렬을 따르고자 하며 사주와 음양오행을 계산하는 전문 작명가를 통해 이름을 짓는 부모가 많은 것도 자식의 이름 석 자에 거는 기대가 크기 때문이다. 이는 당시 남아선호사상에 기반을 둔 세태를 반영하는 것이었다.

이름에 담긴 운명의 길흉을 나타내는 풀이에도 현세의 복을 기원하는 세속성이 잘 나타나 있다. 예를 들면 삼원(三元)오행 중에서 '土火木'의 풀이는 "귀인의 도움으로 영화가 있으며 부부간의 정이 있고 자손 복이 있다."라고 해서 현세의 부귀영화와 가족의 행복을 말하고 있다.

이름에 나타난 괘상(卦象) 중에서 '화산려(火山旅)'의 풀이는 "현재 만사가 마음먹은 대로 되어주지 않는다. 기초적 운이 약한 때이므로 욕심을 부리지 말고 기초를 다지는 데 노력하라. 주거를 옮기는 것이 좋다. 유학을 가거나 집을 떠나 타지에서 직업을 가지는 것이 좋다. 단 물질적 혜택은 없을 것이다. 모든 일에 수동적 자세로 임해야 하는 시기이다. 적극적으로 나서다보면 실패가 따르게 마련이니 조심하라. 또한 불시의 화재를 당할 수도 있다." 라고 해서 당장의 현실과 직접 연관된 일의 길흉에 대해서 말하고 있는 것이다.

이러한 현세 중심의 작명관은 보다 적극적인 기복 행위로 구현되기도 하는데 사람들이 사주나 점을 본 후 통변 내용에 따라 부적을 지니고 개명을 하는 까닭도 바로 강렬한 현세구복 의지 때문이다. 이런 개명 행위는 숙명론에 젖어들게 하는 장치가 결코 아니며, 오히려 미래를 알 수 없다는 삶의 불확정성 앞에 압도당하거나 굴복하지 않고 어떻게 해서든지 자신 앞에 놓인 난관의 실체를 파악하여 이를 바탕으로 난관에 걸려 넘어지지 않고 통과하기를 바라는 사람들의 열망에서 비롯된, 행복을 추구하는 적극적인 삶에 의지의 발현이라고 할 수 있다.

제2부

일본 81수 작명법의 영향

일본 81수 작명법의 시조인 구마사키 겐오(熊﨑健翁)가 1920년대 후반에 창안한 오격부상법(五格剖象法)에 기원을 둔 수리작명법은 현재 우리나라에서 가장 널리 활용되고 있는 작명법이다. 수리작명법은 성명과 연계된 81가지 수의 신령한 뜻에 의해 그 사람의 운명이 좌우된다고 간주하고 성명을 '천인지외총'의 5가지 격으로 나눈 후, 그 각각에 해당하는 성명의 한자 획수를 계산하여 운명의 길흉을 판단하는 방법이다.

1940년 당시 조선에서 창씨개명 강행은 일본의 작명가들에게 자신들의 경제적 이익 창출과 일본식 81수 작명법의 전파를 위해서 더할 나위 없이 좋은 기회였으므로 연일 대대적으로 그들의 81수 작명법을 과장해서 홍보하였다. 이로 인해 창씨개명 시기 후에는 이름이 일생의 길흉과 깊이 연관된다는 운명론적 인식이 한국에서도 생겨났으며, 길한 이름과 흉한 이름을 가리는 기준으로서 일본식 81수 작명법이 유행하기 시작하여 지금에 이르고 있다.

본디 한국인에게 이름은 서로를 호칭하거나 가문을 나타내는 부호였으나 창씨개명 시행 이후에는 복잡한 운명 부호의 역할도 겸하게 되었고, 그 길흉의 판단 기준은 일본식 81수 작명법이 되었던 것이다. 내선일체란 명분하에 조선인의 황국신민화 정책을 본격화하려고 강행한 창씨개명은 일본 제국주의의 패배로 비록 5년 만에 그쳤지만 일본식 81수 작명법으로 한국인의 이름을 작명하는 관행과 이름이 일생의 길흉을 좌우한다는 과장된 운명 논리는 통계학이란 미명하에 불식되지 않은 채 여전히 고착되어 성행하고 있다.

1. 일본 81수 작명법과 구마사키 겐오

일본 81수 작명법은 성명 한자의 획수를 계산하여 그 배합한 수로 4-5개의 격을 정한 후, 81개의 수에 각각 담긴 의미와 길흉을 판단하는 작명법으로서, 현재 한국에서 작명가들이 가장 많이 활용하고 있는 작명법이다.

지금 우리나라 대다수 작명가들은 이러한 한자 성명의 수리를 매우 중요하게 여기고 있다. 심지어는 한국 사람이므로 아름답고 의미 있는 한글이름을 지어야 한다고 주장하는 작명가들조차도 그 근원은 알지도 못한 채 81수 작명법은 중요하며 무시할 수 없다고 말하고 있는 지경이다.

하지만 일반 작명가들의 통념과 달리 81수 작명법의 역사는 그리 오래되지 않았으며 학술적이지도 않다. 지금 한국 사회에서 통용되고 있는 81수 작명법은 일본 성명학의 시조로 평가받는 구마사키 겐오(熊﨑健翁)가 1920년대 후반에 창안한 작명법에서 유래하였다.

구마사키는 81개의 수(數)가 포함된 자신의 작명법 요체를 『주부의 벗(主婦の友)』이란 일본 여성잡지의 1929년 신년호에 발표한 후 이어서 『성명의 신비(姓名の神秘)』란 단행본으로 발간하여 선풍적인 인기를 끌었다.

구마사키 겐오
출처: http://www.goseikaku.com

1881년 기후현(岐阜県)에서 태어난 구마사키 겐오(본명은 健一郎)는 소학교 임시교사를 거쳐 주쿄 신문사, 지지 신보사 등 언론계에서 재직하였으며, 1922년 42세 때 지지 신보사를 그만두고 일본식 성명학의 연구와 정리에 몰두하기 시작하였다.

이 시기에 구마사키는 성명 한자의 정자(正字) 획수를 기반으로 성명의 획수를 산정(算定)한 후 그 성명에 연계된 1-81수의 유도에 의해 그 사람의 운명이 좌우된다고 보면서 성명을 천격·인격·지격·외격·총격의 5가지로 나누어 각각의 획수로써 성명에 담긴 운명의 길흉을 판단하는 오격부상법(五格剖象法)을 창안하였다.

천격은 성(姓) 두 글자의 획수를 합한 수로서, 선조(先祖) 이래 전승된 것이며 천격의 수에 함축된 영의(靈意)는 운명에 직접적으로 영향을 주지는 않지만 인격의 수와 대조하여 그 사람의 성공 여부를 좌우하는 경우가 있다. 성의 아래 글자와 이름의 위 글자의 획수를 합한 수인 인격은 성명이 사람의 운명에 미치는 영향 가운데서 가장 중대하며, 근본적인 운명을 좌우하는 것이다. 따라서 인격의 수를 보면 그 사람의 중심 운명

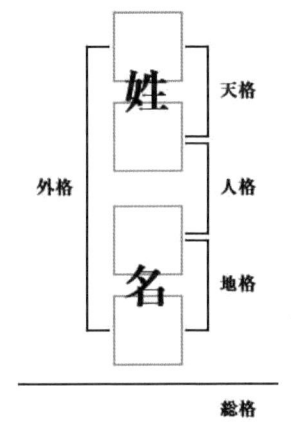

구마사키의 오격부상법
출처: http://www.goseikaku.com

을 한눈에 꿰뚫을 수 있고 그 사람의 성격도 자세히 알 수 있다고 한다. 이는 인상(人相)을 볼 때 눈썹 사이에서 코끝까지를 지칭하는 중정(中停)을 보고 그 사람의 모든 운명을 아는 것과 같은 경우이다. 따라서 인격으로 보는 법은 비전(秘傳)이라고 구마사키는 말한다. 그리고 지격이란 것은 이름 두 글자의 획수를 합한 수이고, 총격은 성과 이름 글자의 획수 전부를 합한 수이고, 외격은 총격에서 인격을 뺀 수이다.

또한 구마사키는 1928년 도쿄 오모리(大森)에 성명판단(姓名判

斷)을 위한 종합운명감정소로서 오성각(五聖閣)을 설립하였다. 오성각은 운명학 분야에서 성명감정이라는 영역을 처음으로 개척한 이른바 일본 성명학의 총본산으로 여겨진다. 1929년 실업지일본사(實業之日本社)에서 81수 작명법의 효시가 되는 『성명의 신비(姓名の神秘)』를 발간하였다. 이 책이 일본 전역에서 많은 주목을 끌게 되자 구마사키 자신이 직접 운영하던 오성각출판국에서도 발행되었다.

그 후 구마사키의 81수 작명법은 이후 보급·분파된 많은 성명판단법과 작명법의 발단이 되었으며, 같은 한자문화권인 중국이나 대만, 한국 등에서 성행하는 작명법의 근간을 이루게 되었다. 1940년 일제에 의한 창씨개명 시기에 조선·만주·내몽고 등지에 판매된 일본의 성명판단·작명 서책인 『(성명판단) 이름짓는 법[(姓名判斷) 名前のつけ方]』의 내용이 구마사키의 81수 작명법 내용을 그대로 담고 있는 것도 바로 그 예가 된다.

『姓名の神秘』(1951년간)

2. 81수와 수리작명법의 관계

본디 역학(易學)에서 81수는 중국 남송의 채침(蔡沈)이 수본론(數本論)·일실만분(一實萬分)의 논리를 세우고 그려낸 구구원수도(九九圓數圖)와 범수지도(範數之圖)의 81수 관념에 근본을 두고 있다.

채침은 9를 궁극적 수, 즉 모든 존재의 본원적 수로 여기고 이를 논거로 하여 세계의 구도에 대한 수학적 연역 방식을 도출해 내었다. 그 내용을 저술한 책이 『홍범황극내편』 5권이다. 그는 『주역』의 괘효상(卦爻象)과 「홍범」의 구주(九疇)에 입각하여 「홍범」의 수가 1을 바탕으로 하여 3이 되고, 그 3을 바탕으로 하여 9가 되며, 또 그 9를 바탕으로 하여 81이 되는 방식으로 변화한다고 여겼다.

81수에는 각기 상(象)·사(辭)·효(爻)가 있고, 효는 원(元), 대(大), 길(吉), 구(咎), 상(祥), 인(吝), 평(平), 회(悔), 재(災), 휴(休), 흉(凶) 등의 점사로 표현되어 있다. 예를 들면 제1수인 원(原)은 그

채침의 81수 명칭과 구성

81	1	2	3	4	5	6	7	8	9
1	원原	성成	견見	비比	서庶	식飾	신迅	실實	양養
2	잠潛	충冲	획獲	개開	결決	여戾	구懼	빈賓	우遇
3	수守	진振	종從	진晉	예豫	허虛	제除	위危	승勝
4	신信	기祈	교交	공公	승升	매昧	약弱	견堅	수囚
5	직直	상常	육育	익益	중中	손損	질疾	혁革	임任
6	몽蒙	유柔	장壯	장章	복伏	용用	경競	보報	고固
7	한閑	이易	흥興	영盈	과過	극郤	분分	지止	이移
8	수須	친親	흔欣	석錫	의疑	흡翕	송訟	융戎	타墮
9	여厲	화華	서舒	미靡	과寡	원遠	수收	결結	종終

상이 ││이고, 그 사는 "원은 크게 길하다. 군자에게 경사가 있다(原, 元吉. 幾君子有慶)"이다. 81수의 효의 변화는 제1수 원(原)의 원길(元吉)에서 시작하여 제81수 종(終)의 대흉(大凶)으로 끝난다.『홍범황극내편』의 81수 총 명칭과 구성은 <표>와 같다.

그러나 현재 일본식 81수 작명법에서 사용하는 81개의 수는 뒤에서 살펴보겠지만 일본 쇼군들의 한자 이름 획수 등에서 취용한 것이며 채침의 81수와는 완전히 별개로 구성된 것이다. 즉 '81'이란 숫자만 동일할 뿐 내용상은 전혀 상관이 없다.

많은 사람이 숫자에 관계된 약간의 신비한 믿음을 은밀하게 갖고 있다. 수비학자(數秘學者)들은 사람의 성명을 숫자로 풀이하면 그 사람의 진정한 인간성과 그 사람이 일생토록 내리는 결정에 영향을 미치는 특성들을 밝힐 수 있다고 생각한다. 그리고 술수에서는 숫자가 수량을 표시하는 부호가 아니라 일종의 신비한 실재가 된다. 숫자에는 신성한 성질이 있어서 인간은 이를 통해 신의 의지를 꿰뚫어 볼 수가 있다고 한다.

이처럼 사람들이 숫자에 대해 갖는 신비한 믿음을 이용하여 1920년대 후반 일본의 점술가이자 일본 성명학의 시조로 여겨지는 구마사키 겐오가 지금의 81수 작명법을 처음으로 고안하였다. 구마사키는 성명을 5가지 격으로 구분하고 81개의 수로 성명의 길흉을 판단한다는 자신의 작명법 요체를 1929년에『성명의 신비(姓名の神秘)』란 책으로 발간하였다. 이후 많은 성명판단·명명법이 보급되고 있지만 대부분 구마사키의 작명법에 발단을 두고서 분파되어 나왔다.

현재 일본식 81수 작명법에서 81개의 수가 지니는 각각의 길흉 의미를 정리해 보면 <표>와 같다. 기본적으로 양수인 홀수는 길하게, 음수인 짝수는 흉하게 배속하였다.

81수 의미

수	격·운	길흉	수	격·운	길흉
1	두수격(頭首格)·시두운(始頭運)	○	2	분산격(分散格)·고독운(孤獨運)	×
3	명예격(名譽格)·복록운(福祿運)	○	4	파멸격(破滅格)·파괴운(破壞運)	×
5	성공격(成功格)·명재운(名財運)	○	6	풍후격(豊厚格)·덕후운(德厚運)	○
7	발달격(發達格)·발전운(發展運)	○	8	건창격(健暢格)·강성운(剛盛運)	○
9	종국격(終局格)·시휴운(時虧運)	×	10	단명격(短命格)·공허운(空虛運)	×
11	갱신격(更新格)·재흥운(再興運)	○	12	유약격(柔弱格)·고수운(孤愁運)	×
13	총명격(聰明格)·지달운(智達運)	○	14	이산격(離散格)·파괴운(破壞運)	×
15	통솔격(統率格)·복수운(福壽運)	○	16	덕망격(德望格)·유재운(裕財運)	○
17	용진격(勇進格)·창달운(暢達運)	○	18	발전격(發展格)·융창운(隆昌運)	○
19	성패격(成敗格)·병악운(病惡運)	×	20	공허격(空虛格)·허망운(虛妄運)	×
21	자립격(自立格)·두령운(頭領運)	○	22	박약격(薄弱格)·단명운(短命運)	×
23	혁신격(革新格)·왕성운(旺盛運)	○	24	출세격(出世格)·축재운(蓄財運)	○
25	건창격(健暢格)·재록운(財祿運)	○	26	만달격(晚達格)·영웅운(英雄運)	△
27	중절격(中折格)·중단운(中斷運)	×	28	풍파격(風波格)·파란운(波瀾運)	×
29	성공격(成功格)·향복운(享福運)	○	30	불측격(不測格)·불안운(不安運)	×
31	개척격(開拓格)·흥가운(興家運)	○	32	순풍격(順風格)·왕성운(旺盛運)	○
33	등룡격(登龍格)·융성운(隆盛運)	○	34	변란격(變亂格)·파멸운(破滅運)	×
35	태평격(泰平格)·안강운(安康運)	○	36	실패격(失敗格)·파란운(波瀾運)	×
37	정치격(政治格)·출세운(出世運)	○	38	문예격(文藝格)·학사운(學士運)	○
39	장성격(將星格)·지휘운(指揮運)	○	40	변화격(變化格)·공허운(空虛運)	×
41	고명격(高名格)·제중운(濟衆運)	○	42	신고격(辛苦格)·수난운(受難運)	×
43	성쇠격(盛衰格)·산재운(散財運)	×	44	침마격(侵魔格)·파멸운(破滅運)	×
45	대각격(大覺格)·현달운(顯達運)	○	46	비애격(悲哀格)·비수운(悲愁運)	×
47	전개격(展開格)·득시운(得時運)	○	48	제중격(濟衆格)·영달운(榮達運)	○
49	변화격(變化格)·성패운(成敗運)	△	50	성패격(成敗格)·상반운(相半運)	×
51	성쇠격(盛衰格)·길흉운(吉凶運)	×	52	승룡격(昇龍格)·시승운(時乘運)	○
53	내허격(內虛格)·반길운(半吉運)	×	54	무공격(無功格)·패가운(敗家運)	×
55	미달격(未達格)·불안운(不安運)	×	56	한탄격(恨歎格)·패망운(敗亡運)	×
57	봉시격(逢時格)·강성운(剛盛運)	○	58	선곤격(先困格)·후복운(後福運)	△
59	재화격(災禍格)·불성운(不成運)	×	60	동요격(動搖格)·재난운(災難運)	×
61	이지격(理智格)·재리운(財利運)	○	62	화락격(花落格)·쇠퇴운(衰退運)	×

63	순성격(順成格)·발전운(發展運)	○	64	봉상격(逢霜格)·쇠멸운(衰滅運)	×
65	번영격(繁榮格)·흥가운(興家運)	○	66	암야격(暗夜格)·실등운(失燈運)	×
67	천복격(天福格)·영달운(榮達運)	○	68	명지격(明智格)·발명운(發明運)	○
69	종말격(終末格)·정지운(停止運)	×	70	공허격(空虛格)·암야운(暗夜運)	×
71	현룡격(見龍格)·발전운(發展運)	△	72	상반격(相半格)·후곤운(後困運)	×
73	평길격(平吉格)·안과운(安過運)	△	74	우매격(愚昧格)·불우운(不遇運)	×
75	적시격(適時格)·평화운(平和運)	△	76	선곤격(先困格)·후성운(後盛運)	×
77	전후격(前後格)·길흉운(吉凶運)	△	78	선길격(先吉格)·평복운(平福運)	△
79	종극격(終極格)·종말운(終末運)	×	80	종결격(終結格)·종지운(終止運)	×
81	환원격(還元格)·갱희운(更喜運)	○		○(길) △(평) ×(흉)	

또한 구마사키에서 비롯된 일본의 81수 작명법이 일본 쇼군들의 흥망성쇠에 그들의 한자 이름 글자의 획수를 구마사키가 의도적으로 짜 맞춘 것이라는 사실은 일본 역사상 3대 쇼군인 오다 노부나가, 도요토미 히데요시, 도쿠가와 이에야스의 일생동안 흥망성쇠·길흉화복과 그들 한자 이름 글자 획수의 길흉 배정 관계를 통해서 쉽게 확인할 수 있다.

◆ 오다 노부나가(織田信長)

1534-1582년, 불같은 성격의 전제군주로서 일본 전국시대의 오랜 혼란을 종식시키고 전국 통일의 여건을 조성하였다. 1549년 아버지의 영지를 이어받아 뛰어난 전략으로 영토를 계속 확장시켰다. 1562년 도쿠가와 이에야스(德川家康)와 동맹을 맺고 세력을 더욱 굳건히 하였다. 1568년 아시카가 요시아키(足利義昭)를 받들어 교토로 들어가 실권을 장악하였다. 이어서 요시아키를 추방하고 무로마치 막부를 멸망시켰다. 노부나가는 신중한 준비와 압도적으로 우세한 병력을 갖추고서 단숨에 결전하여 승리를 거두었다.

	織(18획)	田(5획)	信(9획)	長(8획)

천격: 織(18)+田(5)=23 ⇒ 혁신격(革新格)·왕성운(旺盛運) ○
인격: 田(5)+信(9)=14 ⇒ 이산격(離散格)·파괴운(破壞運) ×
지격: 信(9)+長(8)=17 ⇒ 용진격(勇進格)·창달운(暢達運) ○
외격: 織(18)+長(8)=26 ⇒ 만달격(晚達格)·영웅운(英雄運) △
총격: 織(18)+田(5)+信(9)+長(8)=40 ⇒ 변화격(變化格)·공허운(空虛運) ×

 1582년 노부나가는 일본의 중앙부를 거의 장악하여 전국 통일을 목전에 두었다. 아직 건재하던 모리 테루토모를 정벌하기 위해 직접 출정하였는데, 그 도중 교토의 혼노사(本能寺)에서 가신인 아케치 미쓰히데의 모반으로 통일 위업을 이루지 못한 채 자살하였고, 장남 노부타다(信忠)도 자결하였다. 따라서 오다 노부나가의 성명 한자 획수에서 흉수인 14와 40, 영웅의 수인 26을 취하였다.

◆ **도요토미 히데요시(豊臣秀吉)**

 1536-1598년, 오다 노부히데를 섬기는 하급 신하의 아들로 태어나 오다 노부나가(織田信長)가 시작한 일본 통일의 위업을 완수하였고, 그 여세를 몰아 명한(明韓) 정벌도 일으켰다. 일본 역사상 가장 웅대한 제국주의시대를 실현한 영웅으로 칭송된다. 1558년 이후 노부나가의 휘하에서 점차 두각을 나타내며 거듭 발탁되었다. 1582년 아케치 미쓰히데의 배반으로 노부나가가 사망하자 그의 원수를 갚고 실권을 장악하였다.

豊(18획)　臣(6획)　秀(7획)　吉(6획)

천격: 豊(18)+臣(6)=24 ⇒ 출세격(出世格)·축재운(蓄財運) ○
인격: 臣(6)+秀(7)=13 ⇒ 총명격(聰明格)·지달운(智達運) ○
지격: 秀(7)+吉(6)=13 ⇒ 총명격(聰明格)·지달운(智達運) ○
외격: 豊(18)+吉(6)=24 ⇒ 출세격(出世格)·축재운(蓄財運) ○
총격: 豊(18)+臣(6)+秀(7)+吉(6)=37 ⇒ 정치격(政治格)·출세운(出世運) ○

　1584년부터 도쿠가와 이에야스와 동맹 관계를 맺고 그 반대 세력을 모두 제압하여 1590년 일본을 통일하였다. 통일 후 다이코(太閤)가 되었으며 다이묘(大名)들의 충성을 강요하는 대신 그들의 영지를 인정하여 봉건제도를 확립하고 일본 전역을 통치하였다. 해외로 영토를 확장하려는 야망을 갖고 명나라 정복을 위한 협조를 조선에 요청하였다가 교섭이 실패로 돌아가자 1592년 조선을 침공하였다. 따라서 도요토미 히데요시의 성명 한자 획수에서는 전부 길수만을 취하였다.

◆ 도쿠가와 이에야스(德川家康)
　1542-1616년, 오다 노부나가가 창조적 영웅이라면 도요토미 히데요시는 경영적 영웅이고 도쿠가와 이에야스는 둘 다를 겸비한 영웅이다. 오카자키 성주의 장남으로 태어났다. 1582년 노부나가가 죽은 후 히데요시와 일시적으로 대립하였으나 곧 동맹을 맺고 히데요시가 정권을 장악할 수 있도록 도왔다. 히데요시의 2차례에 걸친 조선 침공에 참가하지 않음으로써 자신의 세력을 보존하였고, 1598년 히데요시가 죽자 그의 지지 세력을 세키가하라 전투에서 격파하고 실권을 완전히 장악하였다.

德(15획)　**川**(3획)　**家**(10획)　**康**(11획)

천격: 德(15)+川(3)=18 ⇒ 발전격(發展格)·융창운(隆昌運) ○
인격: 川(3)+家(10)=13 ⇒ 총명격(聰明格)·지달운(智達運) ○
지격: 家(10)+康(11)=21 ⇒ 자립격(自立格)·두령운(頭領運) ○
외격: 德(15)+康(11)=26 ⇒ 만달격(晩達格)·영웅운(英雄運) △
총격: 德(15)+川(3)+家(10)+康(11)=39 ⇒ 장성격(將星格)·지휘운(指揮運) ○

1603년 세이다이쇼군(征夷大將軍)이 되었고, 전국의 다이묘들을 직접적으로 지배하기 위해 에도 막부를 개설하였다. 그래서 일본 전국의 통일을 완성하고 자신의 지위를 합법화하였다. 권력을 확립한 후 노부나가와 히데요시의 정책도 계승했으며 군사력과 경제력을 충실히 함으로써 일본의 봉건제 사회를 확립하였다. 따라서 도쿠가와 이에야스의 한자 이름 획수에서는 길한 수와 영웅의 수 26을 취하였다.

총괄해 보면 구마사키의 81수 작명법은 일본 전국시대 무로마치 막부를 멸망시키고 일본 천하를 통일하기 직전 죽임을 당한 오다 노부나가, 임진왜란 때 조선을 침략했던 도요토미 히데요시, 에도 막부를 열었던 도쿠가와 이에야스 등 일본 쇼군들의 흥망성쇠에 그들의 한자 이름 글자의 획수를 구마사키가 의도적으로 짜 맞추고, 달[月]과 여성을 상징하는 음(陰)은 흉한 것으로, 태양[日]과 남성을 상징하는 양(陽)은 길한 것으로 하여 81개의 길수(吉數)와 흉수(凶數)로 구분해 만들어진 작명법이다. 그리고 구구원수도 등에 바탕을 둔 채침의 81수 관념이나 음양오행론·상수론 등과도 전혀 무관하다.

3. 창씨개명과 일본 81수 작명법의 전파영향

한국인의 이름은 시조(始祖)의 출신 지명에 따라 본관(本貫)을 쓰고, 부계의 혈통에 따라 성(姓)을 쓰고, 남자의 경우 같은 혈족의 직계에서 갈라져 나간 계통 사이의 대수(代數) 관계를 나타내기 위한 항렬자로 명(名)을 써왔다. 그러므로 사람의 이름자에 담긴 음양오행 등이 그 사람의 운명을 좌우한다는 인식 또한 그리 없었다. 따라서 창씨개명이 강행되기 전인 1930년대까지만 하더라도 우리나라에서는 운명론을 구실로 하는 일본식 수리 작명법이 전혀 통용되지 않았다.

창씨개명은 중일전쟁 후 식민지 조선에 강화된 '내선일체'·'황국신민화' 정책의 전형이며, 조선인에게 징병제를 적용하기 위한 준비이기도 했다. 나아가 일본이 식민지 지배의 기본방침이었던 조선인 '동화(同化)' 정책을 상징하는 것이었다.

이를 위해 1939년 11월과 12월에 개정조선민사령(改正朝鮮民事令) 및 기타 법령이 공포되었고, 이듬해인 1940년 2월 11일에 시행되었다. 이들 법령에 의하면 창씨(創氏), 즉 씨의 설정은 의무이고 신고하지 않으면 안 되는 것임에 비해 개명(改名)은 임의이고 허가를 받는 형식을 취하고 있었다. 1940년 2월 11일부터 8월 10일까지 6개월 동안의 신고 기간 안에 씨를 신고한 것은 약 80%(조선인 호수에 대한 비율), 이름을 바꾼 것은 약 10%(조선인 인구에 대한 비율)이었다. 창씨개명 신고에 즈음하여 행정기관·경찰·학교·언론·각종 단체 등을 통해 다양한 압력이 가해졌다.

1940년 2월 11일 일본의 건국기념일인 기원절(紀元節)에 맞춰 "천황폐하의 따뜻한 보살핌으로 조선인도 일본식 씨(氏)로 이름 지을 수 있도록 허가되었다."라는 구실 아래 황국신민화 정책의 일환으로 창씨개명이 전격적으로 실시되었다. 이에 따라 일본식 이름으로 창씨개명을 하도록 강압하는 분위기에 편승하여 구마사키의 일본식 수리 작명법이 신문광고를 통해 널리 전파되고 크게 성행하기 시작하였다.

조선에서는 창씨개명 시행을 전후하여 1940년 2월부터 11월까지 일본식 작명법에 대한 광고가 대대적으로 펼쳐졌다. 이때 일본의 작명가들은 "이름이 그 사람의 운명을 결정하는 데 중요한 역할을 한다"고 현혹적인 광고를 하면서 사람들의 많은 주목을 끌었다. 총독부의 조선어 기관지 ≪매일신보≫에 창씨개명 신고 첫날인 1940년 2월 11일 게재된 일본성명학관(日本姓名學舘) 명의의 "인간일대의 길흉운세를 좌우하는 신성명학"이란 광고 문구와 내용이 추후 전개될 한국 성명학계의 미래를 단적으로 잘 보여준다.

일본의 신성명학 광고
≪매일신보≫ 1940년 2월 11일자

인간 일대의 길흉 운세를 좌우하는! 신성명학과 성명 짓는 법!

오른쪽 사람은 꼭 읽어라
정확한 성명학에 의하야 성명의 길흉을 알고 개명, 또는 애아(愛兒)명명에 의하야 신행운을 얻고자 하는 분은 성명학계의 권위자 증전유언 선생저작의 본서에 의하야 즉석에 응용하시라!

● 가족에 병자가 끊이지 않는 분
● 가내에 풍파가 끊이지 않는 분
● 무슨 일이고 실패하는 분
● 좋은 인연을 못 구하는 분
● 병약하고 아이 많은 분
● 일정한 직업 없는 분

(조선명을 내지명으로 고치는 경우는 본서에 의하야 적정한 성명을 지으시라) (…)
동경시 풍도구 지대이정목
일본성명학관 (…)

● 재물에 인연이 없는 분
● 가업파멸 주거부정의 분
● 재액 고난이 많은 분

그리고 구마사키식 작명법 광고의 좌측 광고(1940년 2월 26일자) 문구에 등장하는 "구마사키식 성명학(熊崎式姓名學), 성명학계의 최고 권위(姓名學界の最高權威) 구마사키 겐오 선생의 수제자(熊崎健翁先生高弟), 오성각 성학사(五聖閣聖學士), 개운지도(開運指導), 창씨개명·명명(작명) 비교 연구가 되다(創氏改名,命名比較 研究されよ), 통지하는 대로 설명서를 보냄(通知次第說明書送る)"과 우측 광고(1940년 4월 24일자) 문구에 등장하는 "창씨개명·명명(작명)은 구마사키 성명학으로(創氏改名,命名は熊崎姓名學て), 전 조선에 걸친 직접 지도(全鮮に亘る直接指導), 조선에 가장 연고가 깊은 성명학 전문의 1인자(朝鮮に最も緣故深き姓名學專門の一人者) 히다카 선생의 『개명의 행운실화』 증정(日高師改名の幸運實話贈呈)" 등의 내용에서도 일본식 성명학을 행운 및 개운과 연결시켜 조선인에게 전파하려는 의도가 잘 나타나 있다.

구마사키식(熊崎式) 작명법 광고
≪매일신보≫ 1940년 2월 26일자(좌), 4월 24일자(우)

성명이 운명과 신비한 관계에 있고, 일생의 운명을 좌우하는 성명을 내지인(內地人), 즉 일본인과 같이 지을 수 있다는 ≪매일신보≫ 1940년 5월 22일자 작명법 광고의 내용도 일본식 작명법이 한국으로 전파되는 당시의 정황을 여실히 잘 보여주고 있다. 여기서 광고하는 책은 1940년 4월 발매 초기에는 1원 20전이었다가 5월부터는 1원으로 할인 판매도 실시하면서 일본식 작명법의 보급에 더욱 박차를 가한다.

내지인과 同名으로 고칠 수 있는 개성개명 姓名 짓는 법
성명과 운명의 신비적 관계, 성명학과 자획자음의 관계

이번 내선일체의 실을 시현키 위하야 반도동포는 누구나 모두 내지인과 같은 씨명으로 개성개명할 수 있게 되었습니다. 실로 천재일우의 호기회라 하겠지요. 성명이라고 하는 것은 그 사람의 품위인격을 표현하는 영적인 것이다. 성명과 운명과는 불가사의의 신비적 관계가 있어, 일생의 운명을 좌우하는 것인 고로 선명에는 다소의 심득이 없어서는 안 된다. 자기의 개성개명은 물론, 자손애아를 위하야 양명을 선택함은 부모의 급무이다.

본사에서 발매한 『名前のつけ方』라는 양서는 성명의 선정법, 짓는 법을 상세히 설명하고 자획자음의 관계를 상해하야, 어떠한 소인이라도 잘 이해할 수 있도록 『성명학』을 알기 쉽기 평이하게 해설하고 개성개명의 방법을 빠짐없이 간절히 상술되어 있다.

목하 발매기념 대특매를 위하야, 할인특가 근히 금일원으로 매출 중. 동경시 삼병구 화천정구 삼이번지, 제도출판사에 엽서로 『名前のつけ方』 보내라고 신입하면 대금인환으로 곧 송본 한다.

≪매일신보≫
1940년 5월 22일자 광고

이러한 일본 작명가와 출판사들의 대대적인 물량 광고와 파격적인 판매 전략으로 말미암아 창씨개명 시기 후에는 성명 글자가 운명의 길흉과 연관되므로 이름을 가려서 잘 지어야 한다는 인식이 점차 생겨났다. 이런 사실을 ≪매일신보≫ 관상·사주 두 광고의 문구에서 작명·개명과 연관되는 '선명(選名)'이란 용어의 차이에서도 쉽게 파악할 수 있다.

≪매일신보≫ 관상·사주 광고
1940년 1월 15일자(좌, 창씨개명 시행 전)
1940년 12월 21일자(우, 창씨개명 시행 후)

둘 다 관상·사주에 대한 광고이지만 창씨개명 시행 전의 광고(1940년 1월 15일자) 문구에는 "관상 사주 복술에도 통령되야 (…) 부귀빈천과 길흉화복의 피흉취길이 여합부절이며 사주 평생 (…) 신수 재일수 금광 취직 미두 상업 생남 혼인 등사에 백발백중이고"하면서 작명과 관련된 내용이 전혀 없는 반면, 창씨개명 시행이 종료된 후의 광고(1940년 12월 21일자) 문구인 "관상·사주·육효·신수·선명(選名)·택일·궁합·병점·취직·시험·주식·광산·수산·기타 인사백반"에는 성명의 길흉 판단과 관련된 '選名'이 포함되어 있다. 이를 통해 볼 때 창씨개명 시행 전에는 미약했던 작명·개명에 대한 운명 인식이 창씨개명 시행 후에는 생겨났음을 알 수 있다.

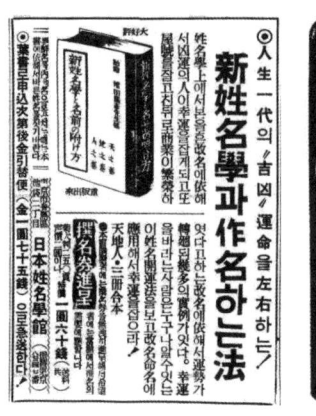

1940년 6·7월의 일본식 작명법 광고
≪동아일보≫ 1940년 6월 3일자(좌), 7월 18일자(우)

성명이 일생의 길흉 운세를 좌우하고, 운명과 신비한 관계가 있으며, 성명은 인생을 지배하므로 길명자(吉名者)는 번영하고 흉명자(凶名者)는 망한다는 등의 개명·작명 광고가 총독부 기관지인 『매일신보』만큼 대대적은 아니지만 『동아일보』와 『조선일보』에도 꾸준하게 게재되었다. 특히 신고 기한 마감이 다가온 1940년 6월부터 8월초에 집중적으로 광고되었다.

당시 일본의 작명가들에게 조선에서의 창씨개명 강행은 자신들의 경제적 이득과 81수 작명법의 전파를 위해서 결코 놓칠 수 없는 좋은 기회였으므로 연일 전방위에 걸쳐 그들의 일본식 작명법을 광고하였던 것이다.

1930년대 이후 구마사키 작명법의 영향을 받아 분파되어 나온 일본 작명가들에 의해 창씨개명 시기 당시 이렇게 우리나라에 전파되면서 성행하기 시작한 일본식 81수 작명법의 잔재는 아직도 사라지지 않은 채 지금도 엄연히 존재하고 있다. 창씨개명 강행 이후 현재까지도 한국에서 널리 통용되고 있는 81수 작명법과 구마사키로 대표되는 일본 작명법의 오격부상법이 동일하거나 유사한 점에서도 이런 사실을 충분히 짐작할 수 있다.

　수리작명법을 크게 중요시하지 않는 일부 작명가들도 그 상황은 다르지 않아 자신들의 특수한 작명법으로 이름을 짓지 않으면 마치 큰일이라도 당할 것처럼 말을 한다. 이름이 사람의 운명을 좌우하고 일생의 길흉을 결정하므로 자기들만의 작명법에 의해 이름을 짓지 않으면 안 된다고 혹세무민을 한다. 이러한 행태는 일제 창씨개명 시기 당시 일본 작명가들이 성명과 운명의 길흉은 깊은 연관성을 갖고 있으므로 일본식 작명법으로 개성(改姓)과 개명(改名)을 하고, 아이들의 이름을 지어야 한다고 과대과장 광고를 하면서 펼치던 운명 논리를 그대로 답습하고 있는 것이다.

　황국신민화를 위한 사회교화의 목적으로 1933년 무라야마 지쥰이 제국주의적 시각에서 펴낸 『조선의 점복과 예언』에도 이름이 당사자의 운명에 영향을 미친다는 인식은 당시 조선사회에서 크게 보이지 않는다. 그러나 창씨개명 시기를 거치면서 이름과 결부된 과장된 운명논리가 당시 신문광고에서 대대적으로 등장하기 시작하였던 것이다.

　일본이 창씨개명을 강행한 배경은 1937년 7월 일본의 침략으로 발발한 중일 전쟁의 위기감 속에서 조선에 징병제를 시행하여 전쟁 총동원을 위한 내선일체의 구실로 강력한 황민화 정책을 전개한 것과 맞물려 있다. 그러나 일본 제국주의의 패배로 끝남에 따라 일본식 성명(씨명)의 사용은 불과 5년 만에 그쳤다. 하지만 일본식 81수 작명법으로 한국인의 이름을 작명하는 관행과 그 전파 과정에서 호도된 이름이 운명을 좌우한다는 과장 논리는 불식되지 않은 채 대다수 국민은 물론이고 일반 작명가들조차도 모르는 가운데 여전히 고착되어 성행하고 있다.

한자 획수 대신 한글 획수?

비록 다수가 아니긴 하지만 최근 이름 한자의 획수대신 한글 자모의 획수를 계산하여 일본식 수리성명학의 81가지 수에 대입하여 이름을 짓는 안타까운 경우도 있다. 예를 들어 홍길동(洪吉童)의 경우 한자 원획수로는 10(洪)·6(吉)·12(童)인데 한글 획수로는 6(홍)·5(길)·5(동)라고 봐서 수리성명학의 4-5격의 유도수로 이름의 길흉을 판단하는 것이다. 그러면서 이름이 그 사람의 운명을 좌우한다고 말한다. 한자의 획수를 기준으로하든 한글 자모의 획수를 기준으로하든 모두 학술적 근거가 없고, 성음(聲音)으로 불러지고 들려지는 이름을 짓는 방식으로는 모두 부적합하므로 하루빨리 청산되어야 한다.

한글 획수

자음	획수	자음	획수	모음	획수
ㄱ	1	ㅋ	2	ㅏ	2
ㄴ	1	ㅌ	3	ㅑ	3
ㄷ	2	ㅍ	4	ㅓ	2
ㄹ	3	ㅎ	3	ㅕ	3
ㅁ	3	ㄲ	2	ㅗ	2
ㅂ	4	ㄸ	4	ㅛ	3
ㅅ	2	ㅃ	8	ㅜ	2
ㅇ	1	ㅆ	4	ㅠ	3
ㅈ	3	ㅉ	6	ㅡ	1
ㅊ	4			ㅣ	1

* ㅈ을 2획, ㅊ을 3획으로 보는 견해도 있다.

ㄲ·ㄸ 등과 같은 된소리는 본래 ㄱ·ㄷ 등의 획수에 한 번을 더 더하여 센다. ㅐ·ㅔ·ㅚ·ㅟ·ㅒ·ㅖ·ㅘ·ㅙ·ㅝ·ㅞ·ㅢ 등은 각각의 모음에 해당하는 획수를 합하면 된다. 예를 들어 '권'자의 경우 자음 ㄱ이 1획, 모음 ㅜ와 ㅓ가 각각 2획, 자음 ㄴ이 1획이므로 모두 6획이 된다.

제3부

기존 작명법의 문제점 검토

한국 사회는 소리글자인 한글의 성음(聲音)과 그림문자인 한자의 획수(劃數)를 근거로 작명하는 방법들이 주류를 이룬다. 성음과 획수를 음양과 오행으로 각기 구분한 후 음양오행의 중화와 상생, 선천적인 사주와의 조화, 길한 상과 수의 추구 등으로 좋은 이름을 짓고자 한다. 그러나 획수 계산의 방식과 성음 오행의 분류는 통일되지 않고 있다.

좋은 이름이란 부르기 쉽고, 쓰고, 듣기 좋은 이름만이 아니며, 길수로만 구성된 이름도 결코 아니며 본명인의 선천적인 음양오행의 품기를 함축하고 있는 사주팔자와 상통·조화되는 이름이어야 한다. 이를 위해 이름자의 음(音)과 획(劃)·수(數)·상(象) 등을 통해 선천적인 음양오행과 중화와 상생을 실현하는 과정으로 작명이 이루어진다.

하지만 그 구체적인 작명법에 대해서는 수많은 이견이 존재한다. 따라서 현존하는 작명법상의 모든 기준들을 빠짐없이 충족할 수 있는 좋은 이름을 짓는다는 것은 거의 불가능하다. 같은 사람의 같은 이름을 두고도 길흉 판단이 서로 엇갈리는 작명 현실은 곧 작명에 대한 사회적 불신을 증폭시키는 요인으로 작용한다.

1. 기존 작명법의 개관

한국의 언어와 문자 체계에는 소리글자인 한글과 그림문자인 한자가 공존한다. 그래서 작명법도 소리글자인 한글의 발음(發音)과 그림문자인 한자의 획수(劃數)를 준거로 하는 방법들이 중심을 이루고 있다.

이름은 우선 부르기 쉽고 듣기 좋으며 뜻있게 짓는 것이 기본원칙이다. 그러나 작명가들은 그 외 음양오행과 사주(四柱)·수리(數理)·역상(易象) 등도 참고해서 길한 이름을 짓는다. 하지만 작명가들마다 이름짓는 방법이 제각기 다르며, 자신이 활용하는 방법만이 옳다고 주장한다. 그렇다 보니 같은 사람, 같은 이름을 두고서도 작명가들마다 그 길흉 판단이 서로 다른 경우가 비일비재하다. 그러므로 현존하는 작명법상의 모든 기준을 빠짐없이 충족할 수 있는 좋은 이름이란 존재하지 않는다고 봐도 결코 무리가 아니다.

작명법에 관해 현재 시중에 나와 있는 책만 하더라도 150여 가지가 훨씬 넘고, 인터넷상 작명 관련 운세 사이트와 카페도 1천여 군데를 훌쩍 넘긴다. 그만큼 길한 이름을 지으려는 작명에 관한 사회적 수요가 큰 반면, 작명법에 대한 이견은 분분하다는 반증이다.

현재 한국사회에서 많이 활용하고 있는 작명법들을 그 특징에 따라 유형화하면 크게 5가지로 구분할 수 있다. 81수(數) 작명법, 수리오행(數理五行) 작명법, 자원오행(字源五行) 작명법, 초성발음오행(初聲發音五行) 작명법, 자음십성(子音十星) 작명법 등이다. 이외에도 작명법들이 있으나 통용되는 작명법들은 바로 이 유형들이다.

① 81수 작명법: 이름의 한자 획수를 각각 계산하여 그 배합한 수로 4-5개의 격(格)을 정한 후, 81가지 수(數) 중에서 해당하는 4-5개의 수에 담긴 의미와 길흉을 판단하는 작명법이다. 1920년대 후반 일본의 구마사키 겐오(熊﨑健翁)가 창안했는데 1940년 창씨개명 시기에 일본으로부터 유입되어 지금까지 한국에서 금과옥조(金科玉條)처럼 여겨지며 사용되고 있다.

② 수리오행 작명법: 이름의 한자 획수를 조합하여 천지인(天地人)의 삼원(三元)으로 구분한 후, 그 획수 오행의 배합이 상생·상극인지에 따라 이름의 길흉을 판단하는 것이다. 대개 천(天)은 성과 이름 끝 자를 합한 수, 인(人)은 성과 이름 첫 자를 합한 수, 지(地)는 성을 제외하고 이름자를 모두 합한 수로 본다.

③ 자원오행 작명법: 상형문자이자 뜻글자인 한자(漢字)의 특성상 한자 이름의 부수(部首)와 자의(字意)에 따라 분류한 자원(字源) 오행으로써 이름 주인공인 본명인(本名人)의 사주(四柱)에서 필요한 오행을 보완하도록 작명하는 방법이다.

④ 초성발음오행 작명법: 한글 초성자음을 오행으로 구분한 후, 각 이름자의 초성자음 오행이 상생하고 본명인의 사주에 필요한 오행을 보완하도록 작명하는 것이다. 한자와 달리 사람의 소리를 그대로 기호로 나타내는 문자인 한글의 특성에 따른 작명법이다.

⑤ 자음십성 작명법: 한글 이름 획수의 홀짝과 초·종성 자음의 오행, 태어난 해[생년] 사이에서 도출한 비견·겁재·식신·상관 등 십성(十星)의 의미에 따라 이름의 길흉을 판단하는 작명법이다.2) 음파(音波)인 소리 파동과 전혀 무관한데도 '파동성명

학'으로 홍보하며 오도(誤導)하였다.

　이처럼 여러 가지 작명법이 있으나 가장 우선은 선천적인 사주(四柱)에 근거를 두고 사주의 부족한 음양오행을 보충하며, 사주의 막힌 바를 유통시키고 사주의 단절을 연결시키는 이름이라야 한다.
　사람이 태어난 연월일시를 천간·지지의 육십갑자로 나타낸 사주는 저울[秤]과 같다. 그러므로 사주는 저울이 균형을 이루는 모습인 평형(平衡)의 상태를 지향하며, 이는 궁극적으로 사주 안에서 음양오행과 한난조습(寒暖燥濕)이 어느 한쪽으로 치우침이 없는 상태인 중화(中和)로 표현된다. 그렇게 될 경우 그 사주는 마침내 부귀창성하고 무병장수하게 된다고 본다. 이것이 사주명리의 기본 정리(正理)이다.
　선천적인 사주를 후천적으로 보완하여 중화에 이르게 하는 변수로는 당사자의 직업, 배우자와의 궁합, 풍수지리적 환경 등과 더불어 사주와 조화되는 이름이라는 성명학적 요소도 포함된다. 표면상 아무리 좋은 이름일지라도 그 사람의 타고난 사주와 조화가 안 되면 도움이 될 수가 없다. 그러므로 음양오행 원리에 근거하여 올바르고 좋은 이름을 짓고자 한다면 이름 주인공의 사주와의 상통과 조화가 매우 중요하다.

---

2) 생년은 10년 주기(甲乙목, 丙丁화, 戊己토, 庚辛금, 壬癸수)의 1회전수, 12년 주기(亥子수, 寅卯목, 巳午화, 申酉금, 丑辰未戌토)의 2회전수의 기준이 된다. 그리고 한글 이름 획수의 홀짝과 초성자음 오행 여하에 따라 비견(1), 겁재(2), 식신(3), 상관(4), 편재(5), 정재(6), 편관(7), 정관(8), 편인(9), 정인(0) 등 십성의 1회전수, 한글 이름 획수의 홀짝과 종성자음 오행 여하에 따라 2회전수가 정해지며, 그 십성들의 의미에 따라 이름의 길흉이 결정된다고 말한다.

2. 기존 작명법의 문제점 검토

한국의 언어와 문자체계는 소리글자[表音文字]인 한글과 뜻글자[表意文字]인 한자가 공존한다. 그래서 작명법들도 한글의 발음(發音)과 한자의 획수(劃數)·자원(字源)을 준거로 취용하고 있다. 본 연구에서는 현행 작명법들의 작명 기준과 요건들이 지닌 문제점들을 객관적·학술적 관점에서 규명해본다.

오늘날 많은 작명가(모바일 작명앱, PC 작명프로그램)들이 활용하고 있는 81수 작명법과 수리오행 작명법은 이름의 한자 획수(劃數), 자원오행 작명법은 한자의 자원오행, 초성발음오행 작명법은 한글 초성자음 소리, 자음십성 작명법은 한글 자모 획수와 초·종성 자음 소리를 기준으로 삼고 있다.

<표 1> 기존 작명법의 작명 기준과 요건

요건 \ 기준	획 수	발 음	자의(字義)
① 음　　양	한자 획수, 한글 자모(子母) 획수	한글 모음(母音) 소리	
② 수 리 격	한자 획수		
③ 수리오행	한자 획수, 한글 자모(子母) 획수		
④ 자원오행			한자 부수(部首)·자의
⑤ 발음오행		한글 초성 자음(子音) 소리	
⑥ 자음십성	한글 자모(子母) 획수	한글 초·종성 자음(子音) 소리	

기존 작명법의 이름자 오행

구분	목	화	토	금	수	기준
수리	1, 2	3, 4	5, 6	7, 8	9, 0	글자 획수
발음	ㄱㅋ	ㄴㄷㄹㅌ	ㅇㅎ	ㅅㅈㅊ	ㅁㅂㅍ	한글 자음

2.1. 한자·한글자모 획수와 수리오행

먼저 이름의 글자 획수를 기준으로 삼는 경우(표 1, **기준**: 한자·한글자모 획수, **요건**: ①음양 ②수리격 ③수리오행 ⑥자음십성)에 대해서 살펴보겠다.

이름의 글자 획수를 계산하는 방법에 대해 작명가들 사이에서 의견이 분분하다. 먼저 한자 이름의 글자 획수 계산법에는 한자는 상형문자이자 표의(表意)문자이므로 본래의 글자 뜻을 중시하여 원래의 부수(部首)대로 한자의 획수를 계산하는 원획법(原劃法), 실제로 한자를 쓸 때의 획수로 계산하는 필획법(筆劃法), 한자를 쓰면서 획을 한 번 구부릴 때마다 한 획으로 계산하는 곡획법(曲劃法) 등이 있다. 이 중에서 원획법이 일반적으로 활용되고는 있으나 작명가들 견해가 서로 엇갈리고 있다.

그 결과 같은 한자인데도 그 획법에 따라 획수가 달라지는 경우가 빈번하다. 예를 들면 마음 심(忄·心)변을 부수로 하는 기쁠 열(悅)의 경우 원획수는 11이지만 필획수는 10, 곡획수는 14가 된다. 쉬엄쉬엄 갈 착(辶·辵)변을 부수로 하는 나아갈 진(進)의 경우 원획수는 15이지만 필획수는 12, 곡획수는 13이 되는 모순이 있다.

한자 획수의 비교 예

한자		丁	沇	玩	哲	悅	進	隆	羅
훈음		장정 정	강이름 연	희롱할 완	밝을 철	기쁠 열	나아갈 진	클 륭	그물 라
부수		丁	氵(水)	王(玉)	口	忄(心)	辶(辵)	阝(阜)	罒(网)
획수	원획	2	8	9	10	11	15	17	20
	필획	2	7	8	10	10	12	12	19
	곡획	3	11	10	12	14	13	15	22

한글 이름의 자모(子母) 획수를 기준으로 삼는 경우에도 자음은 한자 획수를 기준으로 삼을 때와 같이 필획수와 곡획수가 서로 다른 모순이 생긴다. 예를 들면 'ㄱ'은 필획수는 1이지만 곡획수는 2가 되고, 'ㄷ'은 필획수는 2이지만 곡획수는 3, 'ㄹ'은 필획수는 3이지만 곡획수는 5가 된다. 또한 'ㅈ'은 필획수를 2나 3으로, 'ㅊ'은 필획수를 3이나 4로 보는 문제점도 있다.

한글이라는 언어체계를 갖는 한국인의 이름은 그 바탕이 되는 훈민정음의 제자(制字) 원리에 함축된 음양오행·삼재(三才) 사상과 긴밀한 연관성을 갖는다. 한글의 자음(子音)은 소리를 만들어 내는 발음기관의 모양과 발음 작용을 본뜨고, 모음(母音)은 천지인(天地人) 삼재를 본떠서 만들어졌다. 이러한 역학상 이치로 만들어진 한글 자모음을 단순히 글자 획수(劃數)로 계산하여 음양과 수리오행의 요건으로 삼는 것은 그 학술적 논리성과 타당성이 매우 취약하다.

즉 이름은 불리고 들리는 소리 특성상 초·종성 자음과 중성모음의 삼원(三元) 결합으로 발음에 따른 음양과 오행의 특성은 있지만, 필기하는 글자의 획수에는 음양과 오행의 특성이 없고 기준의 정합성과 일관성도 없다.

덧붙여, 수리오행 요건의 경우, 글자 획수의 오행 배속에서 1·2는 목, 3·4는 화, 5·6은 토, 7·8은 금, 9·0은 수로 보는 것도 그냥 단순히 순차적으로 숫자를 오행에 배속한 것에 불과하므로 매우 큰 오류이다. 수리오행을 굳이 적용한다면, 선천 하도(河圖)의 천지 생성수(生成數) 관점에 따라서 1·6은 수, 2·7은 화, 3·8은 목, 4·9는 금, 5·0은 토로 배속해야 비로소 올바르다.

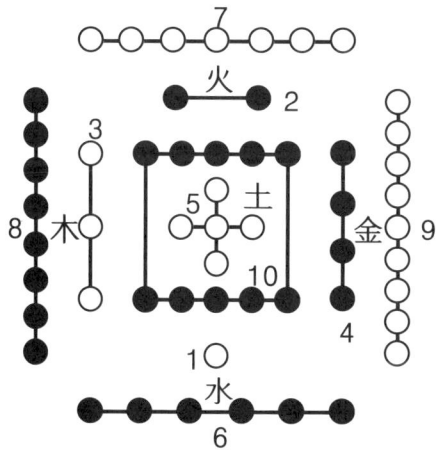

선천 하도(河圖)의 수리와 오행

2.2. 수리격 구분과 81수

1940년 창씨개명(創氏改名) 때 일본에서 전파되어 현재 거의 모든 우리나라 작명가들(모바일 작명앱, PC 작명프로그램)이 그 경위도 모른 채 활용하고 있는 81수 작명법은 한자 이름의 글자 획수를 계산하여 그 배합한 수로 4~5개의 이름 격(格)을 정한 후 81개의 수(數)에 각각 담긴 의미와 길흉으로 일생의 운세를 판단하는 작명법이다(표 1, **기준**: 한자 획수, **요건**: ②수리격).

이 작명법은 1920년대 후반 일본에서 구마사키 겐오(熊崎健翁)가 4자(字)로 구성된 일본인의 성명 판단을 위해 고안했는데, 1940년 이후 창씨개명 시기에 조선으로 유입·활용되면서 3자 성명이 대부분인 우리나라 실정에 맞게 본래의 성(姓) 앞에 가성수(假姓數) 1을 넣거나 하는 식으로 변형되면서 지금까지 우리나라 작명가들에 의해 가장 널리 활용되고 있다. 성이 대부분 2글자인 일본과 달리 한국은 성이 대부분 1글자이므로 본래의 성 앞에 1획인 가상의 성이 있다고 보고 가수(假數)로서 1을 적용하는 것이다.

한자 획수를 기준으로 하는 수리격(數理格) 요건에서는 한자 이름의 글자 획수 조합에 따라 원형이정(元亨利貞)의 4격이나 천인지외총(天人地外總)의 5격이 있다고 보고, 이들 4-5격을 통하여 이름에 담긴 일생동안의 운세를 추리한다. 그러나 한자 이름의 획수를 조합하여 실제로 어떻게 격을 구분하느냐 하는 그 기준에 대해서는 작명가들 간에 견해차가 매우 심하다. 따라서 수리격 요건은 바로 앞의 '2.1'에서 살펴본 한자 획수 계산법상의 모순 외에도 획수 조합에 따른 격의 구분상 불일치라는 문제점을 안고 있다.

또한 수리격 요건의 핵심인 '81수'는 구마사키 겐오가 달[月]과 여성을 상징하는 음(陰)은 흉한 것으로, 해[日]와 남성을 상징하는 양(陽)은 길한 것으로 하고, 쇼군(將軍)들의 흥망성쇠에 그들 한자 이름의 획수를 차후에 의도적으로 끼워 짜 맞춘 것으로서 그 역학적 근거도 매우 취약하다. 81수 작명법은 구구원수도(九九圓數圖) 등에 바탕을 둔 중국 남송시대의 유학자·상수역학자 채침(蔡沈, 1167-1230)의 81수 관념이나 음양오행론·상수론 등 역학의 이치 및 체계와도 전혀 무관하다.

81수 작명법의 기원이 된 구마사키의 저술 『성명의 신비(姓名の神秘)』(1929)에도 81가지 수가 어떻게 각각의 길흉과 연관되었는지에 대해 유의미한 어떠한 논리와 체계, 근거도 전혀 제시되지 못하고 있다는 사실이 이를 잘 말해준다. 더구나 81수 작명법은 선천 사주(四柱)와의 중화(中和) 여부를 전혀 고려하지 않는 심각한 문제점도 있다.

1940년 창씨개명 때 일본에서 전파되어 현재 거의 모든 작명가들(모바일 작명앱, PC 작명프로그램)이 그 경위도 모른 채 활용하고 있는 81수 작명법이 분명히 틀렸다는 것은 세 명의 저명인사들 이름에서도 쉽게 확인할 수 있다.

삼성 창업자 호암 이병철

전 UN사무총장 반기문

조용필과 제19집 앨범

일본식 81수 작명법의 명확한 오류 사례

이병철(李秉喆)

1910~1987, 경남 의령 출생, 삼성그룹 창업자

李(성 이, 7획)　秉(잡을 병, 8획)　喆(밝을 철, 12획)

원: 秉(8)+喆(12)=20수 ⇒ 공허격(空虛格) 허망운(虛妄運) ×
형: 李(7)+秉(8)=15수 ⇒ 통솔격(統率格) 복수운(福壽運) ○
이: 李(7)+喆(12)=19수 ⇒ 성패격(成敗格) 병악운(病惡運) ×
정: 李(7)+秉(8)+喆(12)=27수 ⇒ 중절격(中折格) 중단운(中斷運) ×
☞ 청년운을 의미하는 형격을 제외하고 모두 흉 또는 대흉하다.

반기문(潘基文)

1944년 충북 음성 출생, 제8대 국제연합(UN) 사무총장

潘(물 이름 반, 16획)　基(터 기, 11획)　文(글월 문, 4획)

원: 基(11)+文(4)=15수 ⇒ 통솔격(統率格) 복수운(福壽運) ○
형: 潘(16)+基(11)=27수 ⇒ 중절격(中折格) 중단운(中斷運) ×
이: 潘(16)+文(4)=20수 ⇒ 공허격(空虛格) 허망운(虛妄運) ×
정: 潘(16)+基(11)+文(4)=31수 ⇒ 개척격(開拓格) 흥가운(興家運) ○
☞ 청년운과 중년운을 의미하는 형격과 이격이 모두 흉하다.

조용필(趙容弼)

1950년 경기 화성 출생, 가수

趙(나라 조, 14획)　容(얼굴 용, 10획)　弼(도울 필, 12획)

원: 容(10)+弼(12)=22수 ⇒ 박약격(薄弱格) 단명운(短命運) ×
형: 趙(14)+容(10)=24수 ⇒ 출세격(出世格) 축재운(蓄財運) ○
이: 趙(14)+弼(12)=26수 ⇒ 만달격(晚達格) 영웅운(英雄運) △
정: 趙(14)+容(10)+弼(12)=36수 ⇒ 실패격(失敗格) 파란운(波瀾運) ×
☞ 청년운을 의미하는 형격을 제외하고 모두 흉하다.

2.3. 한자 자원오행

자원(字源)오행은 본래 가문의 항렬자를 쓰기 위한 목적이었으나 작명법에서는 이름 주인공의 사주(四柱)에서 결여된 오행을 보완하기 위한 목적도 있다. 한자는 전형적으로 뜻글자인 표의(表意)문자인데 그 뜻은 대개 부수(部首)에 의해 발현된다. 자원오행은 한자의 부수(部首)와 한자 뜻인 자의(字意)에 따른 오행을 말한다(표 1, **기준**: 한자 부수·자의, **요건**: ④자원오행). 그러나 같은 한자인데도 불구하고 부수(部首)에 따른 오행과 자의(字意)에 따른 오행이 서로 다르거나 오행의 구분 자체가 불분명한 경우가 매우 많다. 그래서 같은 한자를 두고서도 자원오행에 대해 견해가 서로 다른 경우가 많다.

예를 들어 華(꽃 화, 빛날 화)의 경우 부수(艹)로 보면 木에 속하지만 자의(꽃·빛남)로 보면 火에 속해야 한다. 載(실을 재)의 경우 수레(車)에 무기(戈)를 잔뜩(十) 실은 모습을 본뜬 글자이므로 자원상 당연히 金에 속해야 하지만 오히려 상극 관계인 火에 배속되어 있다. 康(편안한 강)의 경우 자원오행상 木에 배속되지만 실제 사용에서는 자원오행상 金인 庚(일곱째 천간 경)과 동일하게 취급되는 경우가 많다. 이처럼 자원오행의 경우 명확한 오행 구분이 곤란하거나 상치되는 경우가 많아서 작명가들 사이에 의견이 매우 분분하다.

이에 대해 이재승·김만태는 한자의 자원오행성을 각 오행별로 강(强)·중(中)·약(弱)·무의미(無意味)·불명(不明) 등으로 분류한 후, 자원오행성이 분명한 한자와 모호한 한자를 구분하여 작명에 적용할 것을 제안하였다.[3] 이름을 한자로도 표기하는 우리나

---

3) 이재승·김만태, 「한국 사회 성명문화(姓名文化)의 전개 양상에 따

라 문화 특성상 본명인(本名人)의 사주에서 필요한 음양오행인 용신(用神)을 보완하는데 있어 한자 자원오행도 유용하게 활용될 수 있다.

2.4. 한글 발음오행

오늘날 한국 사회에서 가장 많이 활용되고 있는 초성발음오행 작명법(표 1, **기준**: 한글 초성자음 소리, **요건**: ⑤발음오행)은 크게 네 가지 문제점을 안고 있다.

첫째, 입술소리(순음, ㅁㅂㅍ)와 목구멍소리(후음, ㅇㅎ)를『훈민정음』원본(原本)이자 정본(正本)인 해례본과 다르게 오행을 배속시켜 현재 적용하고 있다는 점이다. 둘째, 한글 모음은 완전히 배제한 채 오직 자음만 작명 요건으로 적용하고 있다는 점이다. 셋째, 자음을 적용하는 경우에도 첫소리(초성)의 오행만 적용할 뿐 같은 자음인 끝소리(종성)의 오행은 거의 적용하지 않는다는 점이다. 넷째, 'ㅇ, ㅎ'을 제외한 종성 뒤에 초성 'ㅇ-, ㅎ-'이 올 때 뒤의 초성 'ㅇ, ㅎ' 대신 그 앞의 종성으로 소리 내는 경우가 있다.

소위 파동성명학으로 오도되는 자음십성 작명법(표 1, **기준**: 한글 자모 획수, 한글 초・종성 자음 소리, **요건**: ⑥자음십성)은 종성자음 배제를 제외한 첫째, 둘째, 넷째 문제점을 갖고 있다.4)

른 한자오행법(漢字五行法) 고찰」,『인문사회 21』8(6), 아시아문화학술원, 2017; 이재승・김만태,「한국 성씨한자(姓氏漢字)의 자원오행(字源五行)에 대한 고찰」,『문화와 융합』40(3), 한국문화융합학회, 2018.

4) 자음십성 작명법의 또 다른 가장 중대한 오류는 예를 들어

첫째, 『훈민정음』 해례본은 자음(子音)의 제자(制字)와 관련하여 발음기관인 어금니·혀·입술·이·목구멍의 각 생태적 특징을 오행에 연관시키고, 그 소리의 특징도 각 오행의 형상에 비유하였으며, 자음의 이치 속에 음양·오행·방위·수 등이 있다고 인식하였다. 그러나 한글 자음의 오행 배속에 있어서 현재 거의 모든 작명가들은 『훈민정음』 원본인 해례본과 다르게 후대에 발간된 신경준(申景濬, 1712-1781)의 『훈민정음운해』에 따라 후음(ㅇㅎ)을 토(土), 순음(ㅁㅂㅍ)을 수(水)로 착종(錯綜)해서 적용하고 있다.

이 문제점에 대해 국어학자 최현배(1894-1970)는 그의 저서 『

2010년생 '김서연'이라면 같은 해에 태어난 김소연, 김수연, 김서현, 김소현, 김수현, 김서윤, 김소윤, 김수윤, 김서은, 김소은, 김수은, 김세운, 김세훈, 김세한, 김세원, 김세완, 김세환, 김세헌, 김시안, 김시언, 김시온, 김시운, 김시훈, 김시원, 김시훤, 김시완, 김시환, 김시한, 김시헌, 김채안, 김채언, 김채온, 김채운, 김채훈, 김채원, 김채훤, 김채완, 김채환, 김채한, 김채헌 (…), 감세연, 감세현, 감세윤, 감세은, 감시은, 감시연, 감시현, 감시윤, 감서온, 감서안, 감서한, 감서헌, 감서훈 (…), 금서연, 금소연, 금수연, 금서현, 금소현, 금수현 (…) 등등과 모두 다른 이름이지만 이름상 운명은 똑같이 해석되는 심각한 문제가 있다.

 이뿐만 아니라 2010년과 같은 그룹에 속하는 연도인 1950년생 김서연, 김소연, 김수연, 김서현 (…) 등등과도 모두 이름이 다르고 나이가 60살이 차이 나지만 이름상 운명은 똑같이 해석되는 중대한 모순과 오류가 있다. 나이가 같은 동갑인 경우는 물론이거니와 60살 환갑의 나이가 차이 나더라도 이름 한글의 초성자음과 종성자음이 같은 오행이고, 이름 획수의 홀짝이 같은 경우에 성명학상 운명의 내용도 동일하게 된다는 매우 단순하고 비상식적이며 비현실적인 결과에 직면하게 된다. 그리고 선천 사주와의 조화 및 중화 여부를 전혀 고려하지 않는 심각한 문제점도 있다.

고친 한글갈』(1961)에서 "(신경준은) 鄭(인지)서(序)만 보았을 뿐이요, 그『훈민정음해례』는 보지 못하고, 다만 자기의 요량대로 태극설과 한글과의 관련을 붙여 본 것이다."라고 하면서 신경준이『훈민정음』원본인 해례본을 보지 못하고『훈민정음운해』를 저술했음을 지적하였다.

둘째,『훈민정음』해례본은 모음[중성]의 기본자인 'ㆍ'는 하늘의 성정을 닮아 천(天)으로서 양이며, 'ㅡ'는 땅의 덕성을 닮아 지(地)로서 음이며, 'ㅣ'는 하늘과 땅이 화합한 사람으로서 인(人)이며 음양을 겸비하고 있다고 인식하였다. 'ㆍ'는 하늘을 본떠 둥글게 하고(形之圓 象乎天也), 'ㅡ'는 땅을 본떠 평평하게 하고(形之平 象乎地也), 'ㅣ'는 사람을 본뜨되 그 서 있는 모양으로 하여(形之立 象乎人也) 삼재(三才)의 이치를 갖추었다. 그러므로 중성모음의 이치 속에도 음양·오행·방위의 수 등이 있다고 하였다.

말소리와 말소리를 표기하는 음소문자에 대한 과학적 분석은 음성학을 도외시할 수 없다. 그러므로 한글 발음오행을 작명 기준으로 하는 경우 음절을 구성하는 자음과 모음의 길이, 음향적 에너지 등을 고려해 볼 때 자음뿐만 아니라 모음도 당연히 적용되어야 할 것이다.

예를 들면 초성 자음만 적용하는 현행 초성발음오행 작명법에서는 '가, 거, 고, 구, 규, 교, 그, 기' 모두를 초성 자음인 'ㄱ'의 오행에 따라 일괄적으로 목으로 보고 있다. 그러나 중성 모음의 오행을 함께 적용한다면 '가'는 목목, '거'는 목금, '고규'는 목수, '구교'는 목화, '그기'는 목토가 되는 것이다.

셋째, "초성은 발동하는 뜻이 있으니 하늘[天]의 일이고, 종성은 그치고 정해지는 뜻이 있으니 땅[地]의 일이고, 중성은 초성의 생겨남을 이어받아 종성의 이룸을 연결해 주니 사람[人]의 일이다."5)라는 『훈민정음해례』 제자해의 합자(合字) 내용을 볼 때 첫 소리(초성) 오행만 적용할 뿐 끝소리(종성) 오행은 거의 적용하지 않는 초성발음오행 작명법은 매우 불합리하다. 왜냐면 초성은 발동하고 종성은 이를 그치게 하는 상응 작용이 있기 때문이다. 중성[모음]이 중심이 되어서 초성·종성의 자음과 화합하여 하나의 완성된 글자를 형성한다는 합자의 의미를 살펴볼 때 한글 초성(자음)만 아니라 중성(모음)과 종성(자음)까지 고려하여 작명하는 것이 천지인(天地人) 삼원(三元)·삼재(三才) 사상의 이치상 지극히 합당하다.

넷째, 초성자음의 발음오행으로 작명하는 경우, 앞서 살펴본 세 가지 외에 또 다른 문제가 있다. 표음(表音)문자인 한글은 소리 나는 대로 적는다. 그런데 예외가 있으니 'ㅇ, ㅎ'을 제외한 종성 뒤에 초성 'ㅇ-, ㅎ-'이 올 때는 앞의 종성은 발음하지 않고 뒤의 초성 'ㅇ, ㅎ' 대신 그 앞 종성으로 발음하는 경우가 있다는 것이다. 예를 들어 이름이 '민훈'이면 '미눈', '범호'는 '버모', '석호'는 '서코', '솔아'는 '소라'로 소리 내는 경우가 많다. 이때 초성자음으로만 이름짓는 현행 초성발음오행 작명법과 자음십성 작명법(파동성명학)의 경우, 앞 이름자의 종성은 발음되지 않고 뒷 이름자의 초성은 오행이 바뀌는 중대한 문제가 생긴다.

---

5) 『訓民正音解例』 制字解, "以初中終合成之字言之, 亦有動靜互根陰陽交變之義焉. 動者, 天也. 靜者, 地也. 兼互動靜者, 人也."

3. 기존 작명법의 비교

현대 한국 사회에서 이름의 예로 가장 흔히 거론되는 '홍길동(洪吉童)'과 홍길동의 선천적인 사주를 갖고서 지금까지 설명한 현재 통용되는 주요 작명법들의 풀이를 예시해 볼 수 있다. 그러나 홍길동이란 소설 속 인물의 사주를 알 수는 없으므로『홍길동전』의 작가 허균(1569-1618)의 사주를 소설 속 홍길동의 사주로 대치해서 설명하고자 한다. 허균은 자신의 문집『성소부부고(惺所覆瓿稿)』해명문(解命文)에서 자신은 "기사년(1569, 선조2) 병자월 임신일 계묘시에 태어났다."고 하였다.

시	일	월	연
癸	壬	丙	己
卯	申	子	巳

54 44 34 24 14 4
庚 辛 壬 癸 甲 乙
午 未 申 酉 戌 亥

허균의 사주와 대운

성명학적으로 좋은 이름을 짓기 위해서는 가장 먼저 당사자의 사주와 출생 환경부터 분석해야 한다. 선천적인 사주 원국과 대운의 상황 등을 살펴서 보완할 필요가 있는 음양과 오행을 도출하여 후천적인 이름에서 보완함으로써 음양오행의 중화(中和)에 이르게 하는 글자를 찾아야 하는 것이다.

홍길동의 사주로 가상한 허균의 사주는 동짓달[子]에 하늘로 흐르는 큰 강[天河-壬]으로서 앉은 자리에 큰 수원지(水源池-申)가 있으므로 강물의 흐름이 매우 세차다. 따라서 승부해서 쟁취하려는 양인격(陽刃格)의 성향이 무척 강하다. 초년과 청년운을 의미하는 연월은 재성 丙과 巳, 정관 己가 자리하여 재생관(財生官)하고 있으므로 기존의 사회적 틀에 자신을 순응시키며 공익과 명예를 위해 과감하면서도 원칙적으로 살아가려고 노력한다.

그러나 경쟁·진취·모험·적극·혁신·다재다능·승부근성 등을 의미하는 겁재와 상관이 시에서 자리하고 있다. 따라서 인생의 후반으로 갈수록 점차 반체제적이며 비판적·개혁적인 성향을 드러내어 관재구설에 연루될 가능성이 매우 높다. 오행을 모두 갖추고 공망도 없으므로 좋은 모습이 많으나 월상 丙火가 통근(通根)하는 巳가 申과 육합이 되고, 卯가 申과 암합을 이루어서 丙火의 뿌리가 약해진 것이 매우 흠이다. 따라서 필요한 오행 즉 용신(用神)은 木(火)土이다. 보다 구체적으로는 양(陽)의 木과 양의 土이다.

홍길동(洪吉童)의 한자 이름 획수는 원획은 10(洪)·6(吉)·12(童)이고, 필획은 9(洪)·6(吉)·12(童)이고 곡획은 10(洪)·7(吉)·13(童)이다. 이름의 음양 배열은 원획은 음에 해당하는 짝수로 전부 구성되어 있어 흉하며, 필획은 '양음음', 곡획은 '음양양'으로 음양이 고루 있어 좋은데 양기가 더 필요한 명조임을 고려할 때 곡획의 수리 음양 배열이 더욱 길하다. 한글 모음에 따른 음양 배열은 '양(ㅗ)·음(ㅣ)·양(ㅗ)'으로 구성되어 길하다.

천인지(天人地)의 삼원오행은 한자 이름 획수의 원획상은 오행 배열상 목[洪(10)+童(12)=22]·토[洪(10)+吉(6)=16·금[吉(6)+童(12)=18]으로 '木土金'이 되어 흉하며, 성 앞에 가성수(假姓數) 1을 더한 원획상도 목[가성(1)+洪(10)=11]·토(16)·금(18)으로 '木土金'이 되어 흉하다. 필획상의 삼원오행은 오행 배열상 목[洪(9)+童(12)=21]·토[洪(9)+吉(6)=15]·금[吉(6)+童(12)=18]으로 '木土金'이 되어 흉하나, 성 앞에 가성수 1을 더한 필획상은 '水土金'이 되어 평길하다. 곡획상의 삼원오행은 오행 배열상 화[洪(10)+童(13)=23]·금[洪(10)+吉(7)=17]·수[吉(7)+童(13)=20]로 '火金水'가 되고, 성 앞에 가성수 1를 더한 곡획상은 '木金水'가 되어 흉하다.

홍길동의 한글 자음상의 오행은 『훈민정음해례』의 분류에 따르면 초성(종성)의 경우 '水(水)·木(火)·火(水)'가 되어 오행의 배열상은 길하나 선천 사주의 보완상은 평길(平吉)하다. 순음(ㅁ, ㅂ, ㅍ)과 후음(ㅇ, ㅎ)이 뒤바뀌 통용되는 현재의 분류에 따르면 '土(土)·木(火)·火(土)'가 되어 오행의 배열상은 평길하나 선천 사주의 보완상은 길하다. 부수와 자의에 따른 한자의 자원오행은 氵(水)변의 洪(큰물 홍)은 水, 口(입 구)변의 吉(길할 길)도 水, 童(아이 동)은 자의로는 木이나 부수인 里(마을 리)로는 土인데, 오행의 배열상은 대체로 길하나 선천 사주의 보완상은 매우 흉하다.

원획상 81수 작명법의 4격은 원(18)·형(16)·리(22)·정(28)으로서, 초년운[원]은 18(발전격·융창운 ○), 청장년운[형]은 16(덕망격·유재운 ○), 중년운[리]은 22(박약격·단명운 ×), 노년운[정]은 28(풍파격·파란운 ×)이 되어 중년부터 운세가 나쁘다. 필획상 81수 작명법의 4격은 원(18)·형(15)·리(21)·정(27)으로서, 초년운[원]은 18(발전격·융창운 ○), 청장년운[형]은 15(통솔격·복수운 ○), 중년운[리]은 21(자립격·두령격 ○), 노년운[정]은 27(중절격·중단운 ×)이 되어 말년부터 운세가 나쁘다.

원획상 81수 작명법의 5격은 천(11·○)·인(16·○)·지(18·○)·외(13·○)·총(29·○)으로서 일생동안 운세가 매우 좋다. 필획상 81수 작명법의 5격은 천(10·×)·인(15·○)·지(18·○)·외(13·○)·총(28·×)으로서 초년과 노년의 운세가 나쁘다.

역상(易象)으로 풀이하면 상괘는 洪(10)+ 吉(6)+ 童(12)=28÷8해서 나머지가 4이므로 사진뢰(四震雷)이고, 하괘는 吉(6)+ 童(12)=18÷8해서 나머지가 2이므로 이태택(二兌澤)이다. 따라서 본괘는 뇌택귀매(雷澤歸妹)가 된다. 동효는 28+ 18=46÷6해서 나머지가 4이므로 4효가 동한다. 따라서 변괘인 지괘(之卦)는 지택림

(地澤臨)이 된다. 이렇게 산출된 괘상을 주역이나 육효점으로 해석하여 이름에 담긴 길흉의 의미를 풀이한다. 귀매지림(歸妹之臨) 괘의 경우는 첫 시작은 비록 잘못되어 흉하지만 분수를 지키며 순리대로 일을 처리해 나간다면 이제까지의 어려움이 차츰 풀려 나가면서 운이 열리는 의미를 갖는다.

　같은 사주, 같은 이름임에도 불구하고 작명법에 따라 그 길흉의 해석이 각기 다르게 나타나고 있음을 예시된 풀이를 통해 살펴보았다. 이름은 부르기 쉽고 듣기 좋으며 뜻이 좋게 짓는 것이 기본 원칙이나 작명가들마다 작명법이 서로 다르며 길흉의 판단 기준도 제각기 다르므로 같은 사람, 같은 이름을 두고서도 작명가들마다 견해 차이가 심하다. 그렇기에 기존 작명법상의 모든 기준들을 충족하는 좋은 이름이란 결코 존재할 수 없다. 이는 곧 어느 한 작명법만이 절대적으로 옳다고 말할 수 없다는 의미도 된다.

기존 작명법에 의한 '홍길동(洪吉童)'의 이름 풀이

한자 이름		洪	吉	童	큰물 홍 / 길할 길 / 아이 동
한글 이름		홍	길	동	시　일　월　연 癸　壬　丙　己 卯　申　子　巳 필요한 오행[용신]: 木(火)土
획수	원획	10	6	12	
	필획	9	6	12	
	곡획	10	7	13	
음양	수리-원획	음	음	음	음으로 전부 구성되어 흉하다
	수리-필획	양	음	음	음양이 고루 있어 길하다
	수리-곡획	음	양	양	"
	성음-한글 모음	양	음	양	"

오행	삼원-원획	목[洪(10)+童(12)=22]	토[洪(10)+吉(6)=16]	금[吉(6)+童(12)=18]	삼원오행이 '木土金'으로 흉하다
	원획(가성)	목[가성(1)+洪(10)=11]	토[洪(10)+吉(6)=16]	금[吉(6)+童(12)=18]	"
	삼원-필획	목[洪(9)+童(12)=21]	토[洪(9)+吉(6)=15]	금[吉(6)+童(12)=18]	"
	필획(가성)	수[가성(1)+洪(9)=10]	토[洪(9)+吉(6)=15]	금[吉(6)+童(12)=18]	삼원오행이 '水土金'으로 평길하다
	삼원-곡획	화[洪(10)+童(13)=23]	금[洪(10)+吉(7)=17]	수[吉(7)+童(13)=20]	'火金水'로 흉하다
	곡획(가성)	목[가성(1)+洪(10)=11]	금[洪(10)+吉(7)=17]	수[吉(7)+童(13)=20]	'木金水'로 흉하다
	자음-훈민정음	수(수)	목(화)	화(수)	초성(종성), 상생 관계로써 길하다
	자음-현재통용	토(토)	목(화)	화(토)	상생과 상극의 교차로써 쭈吉
	자원-부수 (자의)	수	수	토(목)	童은 부수 里로는 土, 자의로는 木
수리 4격-원획		元: 吉(6)+童(12)=18.○ / 亨: 洪(10)+吉(6)=16.○ 利: 洪(10)+童(12)=22.× / 貞: 洪(10)+吉(6)+童(12)=28.× ☞ 중년부터 운세가 나쁘다.			
수리 4격-필획		元: 吉(6)+童(12)=18.○ / 亨: 洪(9)+吉(6)=15.○ 利: 洪(9)+童(12)=21.○ / 貞: 洪(9)+吉(6)+童(12)=27.× ☞ 말년부터 운세가 나쁘다.			
수리 5격-원획		天: 가성(1)+洪(10)=11.○ / 人: 洪(10)+吉(6)=16.○ 地: 吉(6)+童(12)=18.○ / 外: 가성(1)+童(12)=13.○ 總: 가성(1)+洪(10)+吉(6)+童(12)=29.○ ☞ 일생동안 운세가 매우 좋다.			
수리 5격-필획		天: 가성(1)+洪(9)=10.× / 人: 洪(9)+吉(6)=15.○ 地: 吉(6)+童(12)=18.○ / 外: 가성(1)+童(12)=13.○ 總: 가성(1)+洪(9)+吉(6)+童(12)=28.×			

	☞ 초년과 말년의 운세가 나쁘다.
역상 풀이	상괘: 洪(10)+吉(6)+童(12)=28÷8 나머지 4(四震雷) 하괘: 吉(6)+童(12)=18÷8 나머지 2(二兌澤) ⇒ 뇌택귀매(雷澤歸妹): 본괘 동효: 28+18=46÷6 나머지 4 ⇒ 지택림(地澤臨): 변괘 ☞ 초년은 부정(不正)하고 말년은 충진(衝進)한다.

ㄱ은 나무가 바탕을 이룬 것이요, ㅋ은 나무가 번성하게 자란 것이요, ㄲ은 나무가 나이 들어 굳세게 된 것이므로 여기까지 모두 (오행상 木인) 어금니에서 본뜬 것이다.

— 『훈민정음해례』 제자해

제4부

훈민정음의 제자 원리와 역학 사상

훈민정음은 사람의 소리에도 음양오행의 이치가 담겨 있다는 인식 하에서 그 음양오행 이치에 따라 각 글자에 해당하는 모양을 본떠 만들어졌다. '모양[形]을 본뜨다[象]'는 의미를 역의 괘상처럼 추상적 의미까지도 형상화했다는 뜻으로 확장 해석을 해야만 훈민정음에 함축된 역학적 의미를 보다 온전히 이해할 수 있다.

훈민정음에 함축된 역학 사상이란 다른 게 아니라 하늘이 음양과 오행을 부여해서 만물을 생기게 하는 것이다. 만물의 다양한 모습은 오행의 다름에서 비롯되고, 오행의 다름은 음양의 본질에 바탕을 두고, 음양의 본질은 하나의 이치인 태극에 근본을 둔다. 만물 속에는 각각 하나의 태극이 있다는 것이다. 우주만물의 생성과 운행 원리는 태극·음양·오행·삼재로 귀결된다는 역철학적 관점에서 인간의 성음(聲音)을 이해했던 우리 선인들의 사유 결정체가 오늘날 '한글'이란 소리와 문자로서 존재한다.

훈민정음이 태극이라는 하나[一]의 이치에서 출발했지만 그 적용인 순음과 후음의 오성·오행 분류에 있어서는 다름[殊]을 연출하고 있다. 훈민정음의 제자·자음·모음·합자 등에는 동양의 역철학적 원리와 사상들이 대거 함축되어 있기에 한글은 음운적 자질을 시각적으로 표현하여 만든 문자 체계이면서도 철학적 사유 요소까지도 내포하고 있는 유일한 문자로 평가된다.

1. 훈민정음의 역학적 배경

언어는 인간의 가장 오랜 형이상학이며 우주론이다. 언어는 그 언어를 구사하는 사람들의 인식을 규정하며 사유 방식과 밀접한 관련이 있고, 그 내면의 인식과 사유는 언어를 통해 표현된다. 그러므로 한글이 만들어짐은 우리 민족이 비로소 인식과 사유의 공동체 기반을 이루게 되었음을 의미한다.

왜냐하면 인간이 한 사회에서 철학적 사유를 전개함에 있어 가장 중요한 방법적 수단은 바로 언어이기 때문이다. 훈민정음 창제자들은 언어에 담긴 형이상학과 우주론을 지고(至高)의 경지로 함축하고 체계화하였다.

1940년에 해례(解例)가 붙어 있는, 훈민정음을 반포하던 그때(1446년, 세종 28년)의 원본인 『훈민정음해례』가 발견되기 이전에는 훈민정음의 제자(制字) 기원과 관련하여 그 설이 매우 분분하였다. 그러다가 『훈민정음해례』(국보 제70호)가 발견되면서 자음인 초성(初聲)은 소리를 만들어 내는 발음기관의 모양과 작용을 본뜨고, 모음인 중성(中聲)은 천지인(天地人) 삼재(三才)를 본떴다는 상형설(象形說)이 정설로 자리 잡게 되었다.

『훈민정음해례』 제자해(制字解)에서 천명하고 있듯이 훈민정음은 그 제자 배경에 우주만물의 이치인 음양과 오행 그리고 삼재 등 동양의 역학(易學) 사상을 함축하고 있다. 훈민정음 창제자들은 세상의 만물에 내재되어 있는 원리는 음양과 오행, 삼재로 동일하므로 사람의 성음(聲音)도 역학의 원리에 입각해서 파악하고자 했고, 문자의 이치와 소리의 이치도 동일한 것으로 인식하였다. 그 결과 훈민정음은 문자와 소리가 서로 조화를 이루며, 천지자연의 소리 이치를 담은 유일한 문자로 평가받고 있다.

한글은 발음기관의 모양이나 소리의 특성과 같은 음운적 자질을 시각적으로 표현하여 만든 자질(資質, feature)문자이다. 자질문자는 같은 종류의 소리를 내는 기호들은 하나의 기호를 공유한다. 예를 들면 한글의 자음 체계는 발성기관의 모양과 작용을 본떠서 만든 다섯 가지 기본 글자(ㄱ, ㄴ, ㅁ, ㅅ, ㅇ)에 소리가 거세지는 음성적 특징이 하나씩 추가될 때마다 획을 더한 것이다. 모음도 기본자(•, ㅡ, ㅣ)를 중심으로 음성적 특징이 추가될 때마다 획을 하나씩 더한 것이다.

이것은 인류 문자사를 한 단계 진보시킨 것으로 평가된다. 그래서 영국의 언어학자 제프리 샘슨(Geoffrey Sampson)은 1985년 자신의 저서 『문자 체계(Writing System)』에서 한글을 '가장 독창적이고도 훌륭한 음성문자'라고 명명하였다.

이처럼 한글은 가장 진보된 문자이면서도 그 제자 배경에는 역학의 원리와 사상이 함축되어 있는, 철학적 사유 요소까지도 내포하고 있는 유일한 문자이다. 그리고 한글은 그 창제 시기, 창제자, 창제 과정, 창제 원리가 밝혀진 유일한 문자이기도 하다.

『훈민정음해례』 제자해 첫머리에서 "천지 만물의 이치[道]는 오로지 음양과 오행일 뿐이다. 곤(坤)과 복(復)의 사이에서 태극(太極)이 생겨나서, (태극이) 움직이고 멈춘 후에 음양이 생겨난다. 세상에 살고 있는 생명체가 어찌 음양을 버릴 수 있겠는가? 그러므로 사람의 소리도 모두 음양의 이치[理]를 갖고 있는 것이다. 생각하건대 미처 사람이 살피지 못할 따름이다."라고 하였다.

또한 『훈민정음해례』 말미의 정인지서(鄭麟趾序) 첫머리에서도 "천지자연의 소리[聲]가 있으면 반드시 천지자연의 글이 있다. 그래서 옛 사람이 그 소리를 바탕으로 글자를 만들어 만물의 뜻[情]을 통하게 하고 삼재의 도리[理]를 (글자에) 실었으니 후세에도 바뀌지 못하는 것이다."라고 해서 사람 성음(聲音)을 태극과 음양, 오행, 삼재 등의 역리(易理)로 설명하였다. 그리고 이러한 역학 원리를 바탕으로 훈민정음을 창제했음도 제자해 여러 곳에서 지속적으로 밝히고 있다.

> "이런즉 초성 가운데 스스로 음양과 오행 그리고 방위의 수가 있는 것이다. (…) (중성을 만듦에 있어) 하늘·땅·사람을 본뜸으로써 삼재의 이치[道]를 갖추었다. (…) 초성·중성·종성이 합쳐져 이루어진 글자로 말할 것 같으면, 동(動)과 정(靜)이 서로 뿌리가 되고 음과 양이 서로 변하는 뜻이 있으니, 동이란 하늘[초성]이요, 정이란 땅[종성]이며, 동과 정을 겸하는 것은 사람[중성]이다."
> ─ 『훈민정음해례』 제자해

이는 우주만물의 모든 이치가 역(易)을 바탕으로 해서 발달한 태극·음양·오행 등에 있다고 생각한 송대 신유학자들의 사유 방식을 계승한 것이다. 『태극도설(太極圖說)』의 주돈이(周敦頤)와 더불어 동양 우주론의 근원 사상을 이룬 소옹(邵雍)이 『황극경세서(皇極經世書)』에서 성음의 이치를 안 이후에야 만물의 이치를 알 수 있다고 한 것과도 같은 맥락이다.

> "사람은 각각 성품이 있고 만물은 각각 종류가 있다. 성품과 종류 사이에는 이(理)와 수(數)가 있다. 천지를 추측한 후에야 만물의 이치가 밝아지고 음양의 깊은 이치를 찾은 후에야 만물의 수를 볼 수 있다. (…) 성(聲)·색(色)·형(形)·기(氣)에 이르러서는 각기 그 종류에 따라 얻는다.

가히 살펴서 알 수 있는데 성음(聲音)이 심하다. 성(聲)은 양(陽)이고 하늘에서 생겨난다. 음(音)은 음(陰)이고 땅에서 생겨난다. 이 성음의 수를 안 이후에야 만물의 수를 볼 수 있다. 성음의 이치를 안 이후에야 만물의 이치를 알 수 있다. (…) 천지를 구비하고 만물을 겸하여 그 덕이 태극에 합하는 것은 오직 인간이 아니겠는가?"

― 『황극경세서』 찬도지요

훈민정음 창제에 지대한 영향을 미친 사상적·학문적 배경은 중국 성운학(聲韻學)과 송대 신유학(新儒學)인데, 이 모두는 고려 말 안향(安珦)에 의해 전래된 성리학의 범주에서 논의된다. 성리학은 당시 성행하던 도가와 불교의 우주론을 수용해서 철학적으로 체계화하고자 한 주돈이의 『태극도설』이 그 전기가 된다. 이후 주희(朱熹)가 주돈이의 '태극' 사상을 수용하고 정호(程顥)의 '천리(天理)' 사상과 정이(程頤)의 '성즉리(性卽理)' 사상을 바탕으로 해서 장재(張載)와 소옹의 기(氣)이론을 흡수하여 집대성함으로써 비로소 성리학의 큰 틀이 완성되었다.

성리학은 이기론(理氣論)·태극론(太極論) 등의 형이상학적 문제와 심성정론(心性情論)·성경론(誠敬論) 등의 인간 수양적 문제를 주요 내용으로 하는 학문인데, 이 글에서는 훈민정음 창제에 가장 직접적으로 영향을 미친 음양오행론과 삼재론을 통해 훈민정음 창제의 배경 사상을 좀 더 근본적으로 이해해 보고자 한다.

애초 소박한 자연관에 불과했던 음양오행론은 전국 말기 추연(鄒衍)에 의해 자연주의 외피를 벗었으며, 진한(秦漢) 시대에 음양오행론이 크게 흥행함에 따라 많은 사물에 음양오행의 의미가 부여되었다. 전한 때 이르러 유교가 국교로 되는 데 결정적 역할을 한 동중서(董仲舒)에 의해 음양오행론은 보다 완성된 체계를 갖추게 되었다.

이후 음양오행론은 한대(漢代) 모든 사상계를 지배하는 기틀이 되었고, 술수뿐 아니라 천문·역법·음률·의학·도학·유학 등 모든 영역으로까지 확산되면서 더욱 심화되고 세분되었다. 그래서 음양오행론은 자연과 인간, 사회를 한데 꿰는 유일무이한 해석 틀로 자리 잡게 되었고, 모든 존재와 현상은 이 틀에 맞춰지게 되었다. 이 과정에서 자연[하늘과 땅]과 사람은 한 몸이 되어 상감(相感)·상응(相應)한다고 인식되었다.

유교의 철학적 지평과 통일적 세계관을 제시하는 『주역』은 자연과 인간의 우주론적 조화 질서의 연관 구조를 천지인 삼재 사상으로 설명한다. 역의 논리 체계에서 삼재의 세계 구조는 괘상에서 잘 드러난다. 역의 괘상에는 세 효로 된 8괘와 여섯 효로 된 64괘가 있다.

8괘의 성립 과정을 살펴보면, 역에서는 태극이 양의가 되고(一變), 양의가 사상이 되고(二變), 사상이 팔괘를 이룸으로써(三變) 변화의 기본 과정이 이루어진다(三變成道). 그 분화하는 방법은 음양의 이분법이지만, 삼변으로 팔괘를 완성하는 것은 삼재를 이루니 역은 음양과 삼재를 기본 바탕으로 하는 것이다.

우주만물의 시원(始原)이면서 동시에 생성 원리이자 순환 원리를 상징하는 태극이라는 단어가 처음 나타나는 것은 『주역』으로, "역에 태극이 있다. 이것이 양의(兩儀)를 낳고, 양의는 사상(四象)을 낳고, 사상은 팔괘를 낳고 팔괘가 길흉을 정하고, 길흉이 대업을 이룬다."라고 했다. 태극·양의·사상·팔괘로 이어지는 순차적 전개는 우주 생성의 과정을 상징적으로 표현하고 있다.

그러나 이때 태극은 우주만물 생성의 시원이라는 사전적(辭典

的) 의미만 있을 뿐 아직 철학적 논의를 시작할 만한 정의는 없었다. 하지만 북송대 주돈이에 의해 그 전기가 마련된다. 당시 성행하던 도가와 불교의 우주론을 받아들인 주돈이는 처음으로 태극과 음양오행이란 개념을 사용하여 우주 생성의 체계를 명확히 규정했다. 이로 말미암아 비로소 태극과 음양오행이 중요한 철학적 범주로 포함되기 시작했다.

주돈이의 『태극도설』에 따르면, 본체 곧 우주만물의 궁극적 근원은 '무극이면서 태극이다(無極而太極)' 그리고 태극이 움직여서 양을 낳고, 그 움직임이 다하여 음을 낳음으로써 하나의 태극이 음과 양의 둘로 드러난다. 이러한 음과 양의 두 기(氣)가 순환 운행을 하면서 화합하여 오행을 낳고, 음양오행이 오묘하게 화합하여 만물을 생성한다. 오행은 음양과 하나이고, 음양은 태극과 하나이며, 태극은 본래 무극이다. 그는 『통서(通書)』에서도 "오행은 음양이고, 음양은 태극이다."라고 했는데, 이는 우주만물의 본체로서 태극과 음양, 오행은 결국 하나[一]라는 의미를 말하는 것이다.

참고로 주돈이의 '무극에서부터 태극이 되었다(自無極而爲太極)'라는 말은 당시 사상가들의 끊임없는 논쟁의 대상이 되었다. 주희는 '自'와 '爲' 두 글자가 합당하지 않다고 여겨서 이 구절을 '무극이면서 태극이다(無極而太極)'라는 말로 바꿨다.

주돈이가 『태극도설』에서 태극에 앞서 무극을 언급한 것은 만물의 근원을 有에 두고, 다시 이 有의 근원을 無에 두는 도가의 '유생어

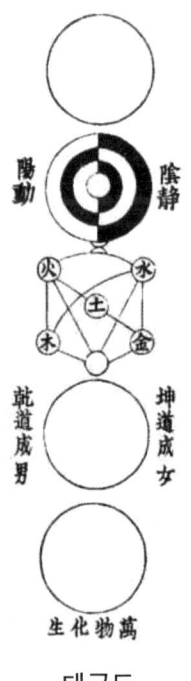

태극도

무(有生於無)' 사고와 비슷하다. 도가에서는 有와 無가 발생적으로 선후 관계에 있는 다른 두 존재로 인식하는 데 반해, 유가의 주희는 주돈이가 말하는 '무극[無]이면서[而] 태극[有]이다'의 의미를 有와 無, 두 존재로 분별할 수 없는 동일한 존재의 양면적 특성을 파악한 것으로 본다.

훈민정음 창제의 사상적 배경을 담고 있는 표현들을『훈민정음해례』에서 자세히 살펴보면, '천지의 이치(天地之道)', '음양오행(陰陽五行)', '태극(太極)', '음양의 이치(陰陽之理)', '천지 만물의 이치(天地萬物之理)', '자연에서 이룬(成於自然) 지극한 이치(至理)', '이치는 이미 둘이 아니다(理既不二)'라는 등의 내용이 두루 언급된다. 이들은 '천지 만물의 이치–음양오행의 이치–태극–도(道)–리(理)'라는 연관 관계를 통해서 서로 다른 것이 아니라 이미 같은 '하나[一]'라는 만수귀일(萬殊歸一)의 성리학적 세계관을 잘 보여준다.

특히『훈민정음해례』제자해 첫머리에 이런 성리학적 우주 본체관이 잘 나타나 있다. 제자해 끝부분에서도 "정음을 지음에 천지 만물의 이치[理]가 다 갖추어지게 되니, 참으로 신묘하도다!"라고 하였고, 정인지도 그의 서문에서 "정음을 지으심도 앞선 사람의 서술에 근거하지 않고 자연(自然)에서 이루신 것이다. 참으로 그 지극한 이치[理]가 있지 아니한 바가 없으며 인위적으로 한 사사로운 일은 아니다."라고 천명하였다.

"천지의 이치[道]는 오로지 음양과 오행일 뿐이다. 곤(坤)과 복(復)의 사이에서 태극이 생겨나서, (태극이) 움직이고 멈춘 후에 음양이 생겨난다. 세상에 살고 있는 생명체가 어찌 음양을 버릴 수 있겠는가? 그러므로 사람의 소리도 모두 음양의 이치[理]를 가지고 있는 것이다. 생각하건대, 미처 사람이 살피지 못할 따름이다. 지금 훈민정음을 만드는 것은 처음부터 지혜로써 마련하고 애써 찾은 것이 아니라 소리에 따라 (본래부터 있던) 그 이치[理]를 다 밝혔을 따름이다. (세상 만물의 모든) 이치[理]는 이미 둘이 아니니 어찌 하늘과 땅 그리고 귀와 신이 그 운용을 같이 하지 않겠는가?"

— 『훈민정음해례』 제자해

"한 번 음의 기운이 되고, 한 번 양의 기운이 되는 것을 도(道)라고 말한다(一陰一陽之謂道)."라는 『주역』 계사전과 "음양의 이기(二氣)와 오행이 만물을 변화시키고 생겨나게 한다. 오행의 다름이 곧 음양의 본질이고, 음과 양 둘의 근본은 하나인 태극이다(二氣五行 化生萬物 五殊二實 二本則一)."라는 『통서(通書)』, "태극은 단지 하나의 이치라는 글자일 뿐이다(太極只是一箇理字)."라는 『주자어류(朱子語類)』의 말과도 결국 상통한다.

그러나 "곤(坤)과 복(復)의 사이에서 태극이 생겨나서"라는 말은 부연 설명이 필요하다. 주역 64괘를 1년 12달에 배정할 수 있는데, 특히 음양의 소장(消長)과 관련되는 12괘는 해당 월의 기준이 된다(12소식消息괘·12벽辟괘). 동짓달을 의미하는 복(復☷☳)괘에서 양(陽)이 비로소 처음 생겨나 점차 성장하여 건(乾·음4월·☰)괘에 이르면 양이 극성해지고, 양이 극성해지면 다시 음(陰)이 밑에서 생겨나(구姤괘·음5월☴) 점차 성장하여 곤(坤·음10월·☷☷)괘에 이르면 음이 극성해지는 순환적 의미를 갖고 있다.

소옹은 양이 성장하는 과정을 선천(先天), 음이 성장하는 과정을 후천(後天)으로 보는데, 곤괘와 복괘가 바로 후천에서 선천으로의 연결 고리가 된다. 주희가 『역학계몽』에서 64괘원도(卦圓圖)에 절기를 배분하면서 곤괘와 복괘 사이에 '동지자중'(冬至子中, 동지 자월 중앙)을 배정한 것도 같은 맥락이다. 즉 곤괘 다음의 복괘에서 일양(一陽)이 시생(始生)하는 계기적 순환원리를 태극으로 인식했던 것이다.

'리(理)'를 최고의 철학적 범주로 삼아 성리학을 집대성한 주희에 따르면, 만물의 본원인 리[태극]가 음양의 두 기(氣)를 생하고, 기가 오행을 생한 후 다시 만물을 생한다. 만물은 리로 말미암아 생하므로 만물 가운데 각기 하나의 리가 있다고 한다.

리와 만물은 본과 말의 관계이며, 파생하고 파생되는 관계이다. 하나의 리가 흩어져 만물이 되고, 합하여 하나의 리로 귀결된다고 보았다. 그래서 인간의 심기(心氣) 작용으로 생성되는 성음(聲音)도 태극인 리가 있으므로 음양오행의 이치가 있는 것으로 인식했던 것이다.

이러한 자연과 인간의 바탕을 기본 원리로 삼아 문자를 만든다면 '그 문자가 어찌 천지자연의 보편적인 문자가 되지 않겠는가?'라고 해서 태어난 문자가 바로 훈민정음이다. 그러므로 '훈민정음'은 천지자연의 소리 이치를 담은 문자이고, '음양오행'은 그 이치를 보여주는 핵심 장치라고 말한다.

『훈민정음해례』 제자해에서도 사람의 소리에는 모두 음양오행의 이치가 있으므로 소리에 본래 담긴 그 음양오행의 이치에 따라 자연스레 훈민정음을 만들되 '각 글자에 해당하는 모양을 본떠서 정음 28자를 만들었다(正音二十八字 各象其形而制之)'라고 천명한다. 그러나 '본뜨다(象)'라는 의미를 어떤 구체적인 실물에만 한정해서는 안 되며, 역(易)의 괘상(卦象)과 같이 추상적인 의미를 형상화했다는 의미까지도 포함시켜서 확장 해석을 해야 한다.

2. 자음의 제자 원리와 역학적 의미

자음[초성]의 기본자(ㄱ, ㄴ, ㅁ, ㅅ, ㅇ)와 이체자(ㆁ, ㄹ, ㅿ)는 각기 그 발음기관의 모양이나 그 작용을 본떠서 만들었고, 나머지 자음들은 가획자(加劃字)로서 소리가 조금 더 세게 나는 정도에 따라 획을 더하여 만들었다. 자음 기본자의 상형 원리는 <표> 자음 기본자의 상형에서 정리한 바와 같다.

이체자로서 아음(어금닛소리) ㆁ는 목구멍, 반설음(반혓소리) ㄹ은 혀, 반치음(반잇소리) ㅿ은 이의 모양을 본떠 각각 만들었다. 그리고 사람의 소리는 모두 오행에 근본이 있으며 사계절 및 오성(궁상각치우)과도 합치된다고 했다.

> "아음(어금닛소리) ㄱ은 혀뿌리가 목구멍을 막는 모양을 본뜨고, 설음(혓소리) ㄴ은 혀가 윗잇몸에 닿는 모양을 본뜨고, 순음(입술소리) ㅁ은 입 모양을 본뜨고, 치음(잇소리) ㅅ은 이 모양을 본뜨고, 후음(목구멍소리) ㅇ은 목구멍 모양을 본뜬 것이다. ㅋ은 ㄱ에 비하여 소리가 조금 세게 나므로 획을 더하였다. ㄴ에서 ㄷ, ㄷ에서 ㅌ, ㅁ에서 ㅂ, ㅂ에서 ㅍ, ㅅ에서 ㅈ, ㅈ에서 ㅊ, ㅇ에서 ㆆ, ㆆ에서 ㅎ으로 그 소리(의 세기)를 바탕으로 획을 더한 뜻은 모두 같다. (…) 무릇 사람이 소리를 내는 것은 오행에 근본이 있는 것이므로 사계절과 합하여도 어그러짐이 없고, 오음에 맞추어도 틀리지 않는다."
> — 『훈민정음해례』 제자해

자음 기본자의 상형

기본자	소리	상형 원리	비고
ㄱ	어금닛소리(아음)	혀뿌리가 목구멍을 막는 모양[象舌根閉喉之形]	발음작용 상형
ㄴ	혓소리(설음)	혀가 윗잇몸에 닿는 모양[象舌附上齶之形]	
ㅁ	입술소리(순음)	입 모양[象口形]	발음기관 상형
ㅅ	잇소리(치음)	이 모양[象齒形]	
ㅇ	목구멍소리(후음)	목구멍 모양[象喉形]	

참고로 오행이란 만물의 기본 요소인 木, 火, 土, 金, 水의 다섯[五]가지 기운이 행(行)함을 말한다. 본래 오행은 나무·불·흙·쇠·물 등 자연계에 존재하는 5가지 기본 물질을 일컫는 말이다. 음양과 비슷하게 오행도 처음에는 자연주의적 색채가 농후했으나 전국시대에 오면서 소박했던 오행이 점차 추상화·관념화되기 시작했다. 이 무렵 제(齊)나라 직하(稷下)학파의 저술을 모은 『관자(管子)』에서 지금의 오행 순서인 '木-火-土-金-水'가 비로소 확정되었고, 계절·방위·천체·인체·장부·색상·음계·기후·덕성·간지 등이 오행과 긴밀히 결합되었다.

발음기관인 목구멍·어금니·혀·이·입술의 각 생태적 특징들을 해당 오행에 각각 연관시키고, 그 소리의 특징들도 각 오행의 모습에 비유하였다. 그리고 이것들을 각 계절과 오성에 배정했으며 초성의 이치 속에 음양·오행·방위 등이 있다고 하였다.

즉 목구멍은 깊고 윤택하니 물이다(喉邃而潤 水也). 어금니는 어긋나고 기니 나무이다(牙錯而長 木也). 혀는 날카롭고 움직이니 불이다(舌銳而動 火也). 이는 단단하고 자르니 쇠다(齒剛而斷 金也). 입술은 모나고 합해지니 흙이다(脣方而合 土也). 따라서 어금닛소리인 'ㄱ, ㅋ, ㆁ'은 木, 혓소리인 'ㄴ, ㄷ, ㅌ, ㄹ(반설음)'은 火, 입술소리인 'ㅁ, ㅂ, ㅍ'은 土, 잇소리인 'ㅅ, ㅈ, ㅊ, ㅿ(반치음)'은 金, 목구멍소리인 'ㅇ, ㆆ, ㅎ'은 水에 해당한다. 이런 내용을 정리해 보면 <표> 자음의 역리적 분류와 같다.

"목구멍은 깊고 윤택하니 水이다. 그 소리가 공허하고 통하여 마치 물이 허명(虛明)해서 유통하는 것과 같다. 계절로는 겨울이고 소리로는 우(羽)이다. 어금니는 어긋나고 기니 木이다. 그 소리가 목구멍소리와 비슷해도 실하므로 마치 나무가 물에서 생하지만 형체가 있는 것과 같다. 계절로는 봄이고 소리로는 각(角)이다. 혀는 재빠르고 움직이니 火이다. 그 소리가 구르고 날리므로 마치 불이 이글거리며 활활 타오르는 것과 같다. 계절로는 여름이고 소리로는 치(徵)이다. 이는 단단하고 자르니 金이다. 그 소리가 부스러지고 걸리므로 마치 쇠가 부스러지고 단련되는 것과 같다. 계절로는 가을이고 소리로는 상(商)이다. 입술은 모나고 합해지니 土이다. 그 소리가 머금고 넓으므로 마치 땅이 만물을 함축하고 광대한 것과 같다. 계절로는 늦여름이고 소리로는 궁(宮)이다."

― 『훈민정음해례』 제자해

훈민정음 자음의 상형원리

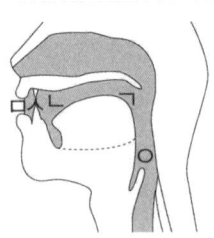

ㄱ: 혀뿌리가 목젖에 닿는 모양
ㄴ: 혀끝이 윗잇몸에 닿는 모양
ㅁ: 입 모양
ㅅ: 이 모양
ㅇ: 목구멍 모양

자음의 역리적 분류

구분 \ 소리	목구멍소리 (후음)	어금닛소리 (아음)	혓소리 (설음)	잇소리 (치음)	입술소리 (순음)
초성	ㅇㆆㅎ	ㄱㅋㆁ	ㄴㄷㅌ(ㄹ)	ㅅㅈㅊ(ㅿ)	ㅁㅂㅍ
발음기관	목구멍(喉)	어금니(牙)	혀(舌)	이(齒)	입술(脣)
발음기관 특징	깊고 윤택함	어긋나고 긺	재빠르게 움직임	단단하고 자름	모나고 합해짐
소리 특징	공허하고 통함	야무지고 실함	구르고 날림	부스러지고 걸림	머금고 넓음
오행	물(水)	나무(木)	불(火)	쇠(金)	흙(土)
오성	우(羽)	각(角)	치(徵)	상(商)	궁(宮)
계절	겨울	봄	여름	가을	늦여름(季夏)
방위	북	동	남	서	일정한 위치 없음

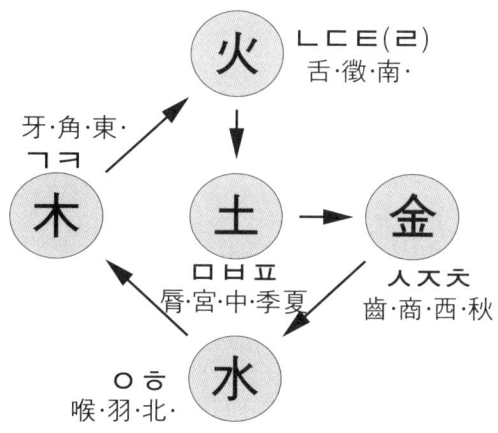

자음과 오행의 상생 관계도

사람의 소리 역시 오행에 근본이 있으므로 자음은 아설순치후(牙舌脣齒喉), 즉 목화토금수(木火土金水)의 오행 상생 순으로 설명한다. 그래서 자음 기본자의 상형 원리를 설명하면서는 '아설순치후'의 순으로 설명했다. 그러나 발음기관의 위치에 따라서는 가장 안쪽 목구멍에서부터 가장 바깥쪽 입술로 설명한다. 그래서 자음 17자의 발음기관을 중심으로 역리적 분류를 하면서는 '후아설치순'의 순으로 설명했다. 이렇게 해서 각 자음에 방위도 함께 배정하였다.

>　"목구멍은 뒤에 있고, 어금니는 그 다음이므로 목구멍소리는 북쪽, 어금닛소리는 동쪽이 된다. 혀와 이가 또한 그 다음이므로 혓소리는 남쪽, 잇소리는 서쪽이 된다. 입술은 끝에 있으므로 흙은 일정한 위치가 없고 사계절에 붙어 왕성하게 한다는 뜻이다. 이런즉 초성 가운데 스스로 음양과 오행, 방위의 수가 있는 것이다."
>
>　―『훈민정음해례』 제자해

　입술(소리)인 순(음)을 '늦여름'인 계하(季夏)에 배정했다가 곧이어서 '흙은 일정한 위치가 없고 사계절에 붙어 왕성하다(寄旺四季)'는 뜻으로 바꿨는데, 『주자어류』에서 "흙의 기운은 정해진 위치가 없기 때문에 지금의 역가(曆家)는 네 계절 마지막 달의 18일을 흙의 기운으로 삼아서 72일(4×18일)을 흙의 기운에 배당한다."라고 말한 내용과 같다.

　참고로 늦여름은 사계절을 오행에 근거하여 굳이 다섯으로 구분하기 위한 관념의 소산으로 생각되는데, 1년 중 계하의 계절적 시기 배당에는 두 가지 해석이 있다. 즉, 여름과 가을 사이 무더운 한여름의 시기로 해석하는 경우와 사계절 각각이 다음 계절로 바뀌는 사이의 환절기로 해석하는 경우이다.

이체자 어금닛소리 ㅇ과 관련해서는 "(ㅇ자를) 목구멍에서 본떠 만들었으나 (…) 대개 목구멍은 물[水]에 속하고 어금니는 나무[木]에 속하는데, ㅇ이 비록 (오행상 木인) 어금닛소리에 속해 있어도 (오행상 水인 목구멍소리) ㅇ(이응)과 비슷한 것은 마치 나무의 움이 물에서 나와 부드러워 아직 물 기운이 많은 것과 같기 때문이다."라고 설명한다.

또한 오행상 木인 어금닛소리 ㄱ의 가획자 ㅋ·ㄲ와 관련해서는 나무의 자연 성장 과정을 비유해 설명한다.

> "ㄱ은 나무가 바탕을 이룬 것이요, ㅋ은 나무가 번성하게 자란 것이요, ㄲ은 나무가 나이 들어 굳세게 된 것이므로 여기까지 모두 (오행상 木인) 어금니에서 본뜬 것이다."
>
> ―『훈민정음해례』제자해

영국의 언어학자 제프리 샘슨(Geoffrey Sampson)은 세계의 문자를 크게 다섯 가지 유형으로 분류하면서 한글을 자질 체계(資質體系, feature system)에 속하는 독립된 문자로 구분하였다. 자질 문자로서 훈민정음은 같은 종류의 소리를 내는 기호들은 하나의 기호를 공유한다.

훈민정음의 자음 체계는 먼저 목소리가 나오는 발성기관과 발음작용의 모습을 본떠서 만든 다섯 기본 글자(ㄱ, ㄴ, ㅁ, ㅅ, ㅇ)에 소리가 거세지는 음성적 특징이 하나씩 추가될 때마다 획을 더한 것이다. 이리하여 초성 17자 중 14자가 만들어졌으며, 나머지 3자는 예외적으로 만들어졌다. 제자해에 의하면,

"그 소리에 따라서 획을 더하는 뜻은 모두 마찬가지다. 다만 ㅇ은 다르다. 반혓소리 ㄹ과 반잇소리 ㅿ도 혀나 이의 모양을 본뜨긴 했으나 그 체(體, 바탕으로 삼은 기본 글자, ㄴ·ㅅ)를 달리하여 획을 더한 뜻은 없다."

— 『훈민정음해례』 제자해

라고 하였다. 즉, ㆁ은 ㅇ, ㄹ은 ㄴ, ㅿ은 ㅅ에 각각 획을 더한 모양으로 만들어졌으나, 이것은 단순히 ㅇ, ㄴ, ㅅ과 그 꼴을 달리 했을 뿐이지 소리가 더 세기 때문에 획은 더한 것은 아니라고 했다. 제자해에 따른 자음의 순서는 다음과 같다.

ㄱ→ㅋ(어금닛소리), ㄴ→ㄷ→ㅌ(혓소리), ㅁ→ㅂ→ㅍ(입술소리), ㅅ→ㅈ→ㅊ(잇소리), ㅇ→ㆆ→ㅎ(목구멍소리), ㆁ·ㄹ·ㅿ(이체)

자음의 순서상 이체자 ㆁ, ㄹ, ㅿ를 뒤에 따로 두었다. 가령 ㆁ는 『훈민정음해례』 예의와 용자례에서는 어금닛소리로 분류되어 ㄱ과 같이 묶여 있지만 제자해에서는 이체를 형성하는 ㄹ, ㅿ과 같이 뒤에 놓여 설명되고 있다. 이는 훈민정음의 제자 원리에서 소리뿐만 아니라 형태적인 요소도 매우 중요하게 여겨졌다는 사실을 말해 준다.

즉, 훈민정음 창제자들은 음소(音素)기호뿐 아니라 공유(共有)기호도 함께 고려하였던 것이다. 자음 각 계열의 음성적 특징인 음성 자질(資質)을 인식하고 이를 글자의 모양에 반영했다고 하여 훈민정음을 자질문자라고 부른다. 자음의 기본 글자를 정하는 문제와 관련하여, 혓소리·입술소리·목구멍소리는 불청불탁(不淸不濁)

인 ㄴ, ㅁ, ㅇ을 기본으로 정했으면서 어금닛소리와 잇소리는 전청(全淸)인 ㄱ, ㅅ을 기본으로 삼았던 까닭도 음성적 특징 외에 형태적 특징도 중요하게 고려했기 때문이다.

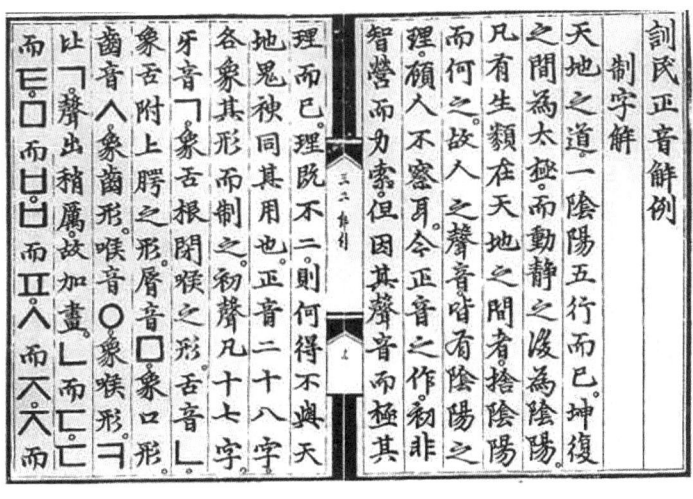

국보 제70호 『훈민정음해례』 제자해

3. 모음의 제자 원리와 역학적 의미

수(數)는 인간이 살아오면서 경험에 의해 산출한 다양한 문화적 상징을 갖고 있다. 따라서 수는 문화권에 따라 서로 다른 독특한 상징성을 나타낸다. 그러나 3이라는 수는 세계 많은 문화권에서 다 같이 길한 수로 여기고 있다. 특히 동아시아 문화권에서는 3에 대해 보다 뚜렷한 길수관념을 형성하고 있어서 일상에서뿐 아니라 우주의 구성과 생성·변화까지도 3으로 상징하였다. 따라서 3은 자연과 인간의 우주론적 조화 질서의 이치인 천지인 삼재의 세계 구조를 나타낸다.

주역의 삼재 사상은 하늘[乾]을 아버지[父]로 보고, 땅[坤]을 어머니[母]로 보며, 인간[人]을 포함한 만물을 부모의 사랑으로 태어난 자식[子]으로 보고 있다. 그리고 인간을 중심으로 하여 신성(神性)과 물성(物性)의 화합과 통일을 추구하는 적극적인 조화 사상이다. 또한 우주 안에서 인간의 주체성을 밝혀주는 논리 체계이다. 역의 삼재론적 세계 구조를 이해함으로써 유가뿐 아니라 도가의 우주론적 존재인식도 잘 알 수 있다.

다만 '태극→음양→사상→팔괘→만물', 곧 '一→二→四→八→만물'이라는 생성 방식은 도가의 삼재론과 차이가 있다. "도(道)가 하나를 낳고, 하나가 둘을 낳고, 둘이 셋을 낳고, 셋이 만물을 낳는다. 만물은 음(陰)을 짊어지고 양(陽)을 품으며, 텅 빈 기운[沖氣]으로써 조화를 이룬다."라는 『노자』의 내용은 '음기·양기·충기'의 결합과 조화로써 '도→一→二→三→만물', 곧 '무극→태극→음양→삼원→만물'로 우주만물이 생성되는 도가의 인식체계를 잘 보여준다. 이러한 도가의 음양론과 삼재론적 인식도 성리학을 통해 훈민정음 창제 과정에 수용되었다.

중성[모음]의 제자 원리를 살펴보면, 기본자인 '•'는 하늘을 본떠 둥글게 하고(形之圓 象乎天也), 'ㅡ'는 땅을 본떠 평평하게 하고(形之平 象乎地也), 'ㅣ'는 사람을 본뜨되 그 서있는 모양으로 하여(形之立 象乎人也) 삼재(三才)의 이치를 갖추었다고 한다.

'•'는 하늘의 성정을 닮아 천(天)으로서 양이며, 'ㅡ'는 땅의 덕성을 닮아 지(地)로서 음이며, 'ㅣ'는 하늘과 땅이 화합한 사람으로서 인(人)이며 음양을 겸비하고 있다. '•, ㅡ, ㅣ'의 생성을 천지가 개벽하고 인간이 출현하는 천개·지벽·인생의 과정으로 설명한다.

음성학적으로 입속 가장 깊은 곳에서 발음되는 것이 '•'(후설모음)이고, 그 다음으로 'ㅡ'(중설모음), 'ㅣ'(전설모음) 순이다. 이렇게 입속에서 발음되는 순서를 12지에 비겨 '•'는 자(子), 'ㅡ'는 축(丑), 'ㅣ'는 인(寅)에 연관시켰다. 모음 기본자의 제자에 관한 역학적 의미는 <표> 모음 기본자의 상형과 같이 정리할 수 있다.

모음 기본자의 상형

기본자	소리 특징	의미	상형	음양	삼재
•	혀가 움츠러들고 깊음	하늘이 자(子)에서 열림[天開]	하늘의 둥근 모양	양	천
ㅡ	혀가 조금 움츠러들고 깊지도 얕지도 않음	땅이 축(丑)에서 펴짐[地闢]	땅의 평평한 모양	음	지
ㅣ	혀가 움츠러들지 않고 얕음	사람이 인(寅)에서 생김[人生]	사람의 서 있는 모양	음양	인

모음자의 생성원리를 '태극→양의→사상→팔괘'의 과정으로 본다면 초출자(初出字) 'ㅗ, ㅏ, ㅜ, ㅓ'는 사상에 해당하고, 재출자

(再出字) 'ㅛ, ㅑ, ㅠ, ㅕ'는 팔괘에 해당한다. 초출자와 재출자의 제자 기준과 그 역학적 의미는 <표>들에서 정리한 내용과 같다.

모음 초출자의 역학적 의미

초출자	제자 기준 (字形)	의의	처음 나옴 (音聲)	처음 생김 (字形)
ㅗ	•+ㅡ	하늘과 땅이 처음으로 사귐	하늘과 땅에서 비롯된 것이라 처음으로 나온 것 (初出)	하나가 동그란 것(•)은 처음으로 생겨난 뜻(初生)
ㅏ	ㅣ+•	천지의 작용이 사물에 나타나되 사람을 기다려서 이룸		
ㅜ	ㅡ+•	하늘과 땅이 처음으로 사귐		
ㅓ	•+ㅣ	천지의 작용이 사물에 나타나되 사람을 기다려서 이룸		

모음 재출자의 역학적 의미

재출자	제자 기준 (音聲)	의의	거듭 나옴 (音聲)	거듭 생김 (字形)
ㅛ	ㅣ⇒ㅗ	사람(ㅣ)을 겸하는 것은 사람이 만물의 영장으로 양의(음양)에 참여할 수 있기 때문	ㅣ에서 시작되어 사람(ㅣ)을 겸하므로 거듭해서 나온 것 (再出)	둘이 동그란 것(•)은 거듭해서 생겨난 뜻 (再生)
ㅑ	ㅣ⇒ㅏ			
ㅠ	ㅣ⇒ㅜ			
ㅕ	ㅣ⇒ㅓ			

이 여덟 글자에 하늘과 양을 상징하는 '•'가 모두 들어가 있는 것은 양이 음을 거느리고 만물에 두루 흐르는 것과 같은 의미이다. 그리고 (중성을 만듦에 있어) 하늘·땅·사람을 본뜸으로써 삼재의 이치[道]를 갖추었다. 그러나 삼재가 만물의 먼저가 되되 하늘이 삼재의 처음이 된다. 이것은 '•, ㅡ, ㅣ' 세 자가 여덟 소리[글자]의 머리가 되되 '•'이 세 자의 으뜸이 되는 것과 같다고 인식한다.

모음 11자에 대한 역학적 의미를 정리해 보면 <표> 모음의 역리적 분류와 같다.

모음의 역리적 분류

중성	수	음양	오행	방위	천지수	생위/성수
ㅗ	1	양	수	북	天一	生水之位
ㅜ	2	음	화	남	地二	生火之位
ㅏ	3	양	목	동	天三	生木之位
ㅓ	4	음	금	서	地四	生金之位
·	5	양	토	중	天五	生土之位
ㅠ	6	음	수	북	地六	成水之數
ㅛ	7	양	화	남	天七	成火之數
ㅕ	8	음	목	동	地八	成木之數
ㅑ	9	양	금	서	天九	成金之數
ㅡ	10	음	토	중	地十	成土之數
ㅣ	無數	중성	無行	無位	無天地數	無位數

먼저 모음의 음양 배분과 관련하여 'ㅗ, ㅏ, ㅛ, ㅑ'의 동그라미(•)가 위와 밖에 있는 것은 그것들이 하늘에서 생겨나 양이 되기 때문이다. 'ㅜ, ㅓ, ㅠ, ㅕ'의 동그라미(•)가 아래와 안에 있는 것은 그것들이 땅에서 생겨나 음이 되기 때문이다. 그리고 물(ㅗ, ㅠ)과 불(ㅜ, ㅛ)은 아직 기(氣)에서 벗어나지 못하고 음과 양이 서로 사귀어 어울리는 처음이기 때문에 (입술이) 닫힌다(모아진다). 나무(ㅏ, ㅕ)와 쇠(ㅓ, ㅑ)는 음과 양이 (만물의) 바탕을 정하는 것이기 때문에 (입술이) 열린다(펴진다). 그러므로 모음 가운데도 스스로

음양과 오행 그리고 방위의 수가 있다고 말하는 것이다.

"ㅗ가 첫 번째로 하늘에서 나니 천수(天數)로 1이고 물을 낳는 자리다. ㅏ가 그 다음으로 나니 천수로 3이고 나무를 낳는 자리다. ㅜ가 첫째로 땅에서 나니 지수(地數)로 2이고 불을 낳는 자리다. ㅓ가 그 다음으로 나니 지수로 4이고 쇠를 낳는 자리다. ㅛ가 두 번째로 하늘에서 나니 천수로 7이고 불을 이루는 수이다. ㅑ가 그 다음으로 나니 천수로 9이고 쇠를 이루는 수이다. ㅠ가 두 번째로 땅에서 나니 지수로 6이고 물을 이루는 수이다. ㅕ가 그 다음으로 나니 지수로 8이고 나무를 이루는 수이다. (…) •는 천수로 5이고 흙을 낳는 자리다. ㅡ는 지수로 10이고 흙을 이루는 수이다. ㅣ만이 자리나 수가 없는 것은 대개 사람이란 무극(無極)의 참[眞]과 이오(二五, 음양과 오행)의 정(精)이 미묘하게 어울리고 엉기어서 진실로 정위(定位)와 성수(成數)로는 논할 수 없기 때문이다."

─ 『훈민정음해례』 제자해

1에서 10까지의 수를 천수(天數)와 지수(地數)로 나누어 이해하는 것은 『주역』 계사전에서 비롯된다. 1·2·3·4·5는 안에 있으면서 만물의 생명을 낳는다하여 생수(生數)라 하고, 6·7·8·9·10은 밖에 있으면서 만물의 형체를 이룬다하여 성수(成數)라 한다. 성수는 생수에 각기 5(중궁의 생수)를 더하여 얻는 것으로서, 생수는 성수를 낳는 체(體)가 된다. 천지수를 모두 합하면 55의 대연수가 나온다.

"천1, 지2, 천3. 지4, 천5. 지6, 천7, 지8, 천9, 지10이니 천수가 5개이고 지수가 5개이다. 5위가 서로 얻으며 각각 합함이 있으니 천수가 25이고 지수가 30이다. 천지의 수가 모두 55이니 이것으로써 변화를 이루며 신묘한 작용을 행한다."

— 『주역』 계사상전

지금까지 살펴본 모음[중성]에 관한 역학적 의미를 오행 상생을 기반으로 하는 선천하도(先天河圖)에 비추어 도상으로 나타낼 수 있다. <그림> 선천 하도의 수리와 오행, 모음[중성]의 수리와 오행이 그것이다. 이처럼 모음을 하도에 맞추어 배열한 도상은 한글학자인 이정호·유정기·유승국·이성구의 논저에도 이미 나와 있다.

그러나 중앙 5·10 토의 기본자 'ㆍ, ㅡ, ㅣ'의 배열에서는 차이가 있다. 이정호와 유승국은 세 글자를 모두 합해서 十자형을 이루고, 유정기는 'ㅡ, ㅣ'는 없이 'ㆍ'만 있고, 이성구는 'ㅣ'는 없이 'ㆍ, ㅡ'만 나타내고 있다. 사람의 서있는 모양을 본떴으며 삼재에서 인(人)을 의미하는 'ㅣ'는 사람이 그런 것처럼 음양과 오행을 두루 겸비하였기 때문에 다른 모음과 달리 그 음양과 오행, 방위와 수를 고정시켜 논할 수 없다(ㅣ獨無位數者)는 『훈민정음해례』 제자해의 논리를 따른다면 이성구의 도상이 보다 합당하다. 앞서 살펴본 <그림> 자음과 오행의 상생 관계도도 좌선(左旋)하는 하도에 비추어 그린 것이다.

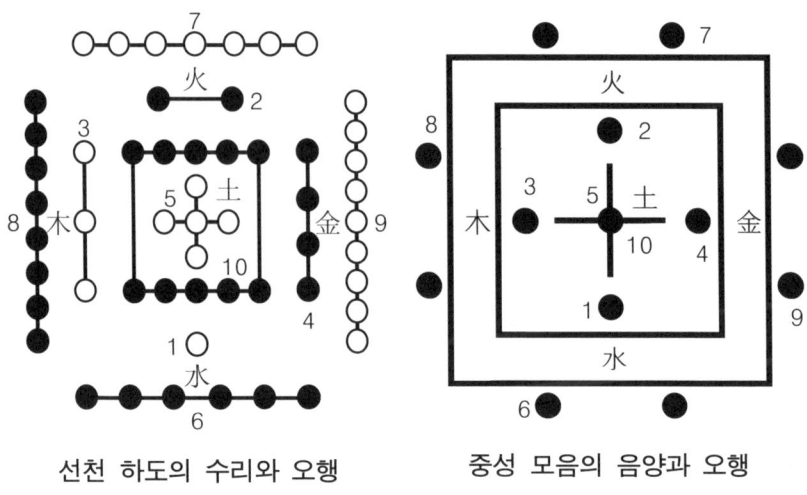

선천 하도의 수리와 오행　　중성 모음의 음양과 오행

　『주역』은 "역의 글이 넓고 크게 다 갖추어서 천도(天道)가 있으며, 인도(人道)가 있으며, 지도(地道)가 있으니 삼재를 겸해서 둘로 한다. 그러므로 여섯이니, 여섯은 다름이 아니라 바로 삼재의 도이다."(계사하전)라고 했으며, 나아가 "그 옛날 성인이 역을 지음은 장차 그로써 성명(性命)의 이치를 따르고자 함이니, 이로써 하늘의 도를 세워 음양(陰陽)이라 하고, 땅의 도를 세워 유강(柔剛)이라 하고, 사람의 도를 세워 인의(仁義)라 하니 삼재를 겸하여 두 번하는 것이다. 그러므로 역이 여섯 획으로 괘를 이루고, 음을 나누고, 양을 나누며, 유와 강을 차례로 쓰는 것이다. 그러므로 역은 여섯 자리를 갖추어야 비로소 완성된다."(설괘전)라고 하였다. 즉, 옛 성인이 성명(性命)의 이치에 순응하여 천도·지도·인도를 수립하였고, 이 삼재지도(三才之道)를 그 두 구성요소[陰·陽·柔·剛·仁·義]로 각각 구분해서 여섯 효를 갖춰야만 비로소 역이 완성된다는 것을 천명하였다.

『훈민정음해례』에서는 중성을 천도, 초성을 지도에 관련시켜 설명한다. 중성은 음양의 하늘의 이치이고 초성은 강유의 땅의 이치이다. 중성은 하나가 깊으면 하나가 얕고, 하나가 닫히면 하나가 열린다. 이는 만물의 발생을 위해 음과 양이 나뉘고 이를 구체적으로 실현하기 위해 오행의 기운이 갖춰진 것으로 하늘의 작용[用]이다. 초성은 허하거나 실하고, 날리거나 걸리고, 무겁거나 가볍다. 이는 강(剛)과 유(柔)가 드러나서 오행의 바탕이 이루어진 것으로 땅의 공(功)이다. 이런 의미를 정리해 보면 <표> 초성·중성의 역학적 의미와 같다.

초성·중성의 역학적 의미

소리	이치	소리 특징	분저(分著)	기질(氣質)	용공(用功)
초성	지도(地道)	허함(후음)·실함(아음) 날림(설음)·걸림(치음) 무겁거나 가벼움(순음)	강유(著)	오행의 바탕(質)	땅의 공(功)
중성	천도(天道)	깊음(ㆍ)·얕음(ㅣ) 입술 모음(ㅗㅜㅛㅠ) 입술 펴짐(ㅏㅓㅑㅕ)	음양(分) 양모음(ㅗㅏㅛㅑ) 음모음(ㅜㅓㅠㅕㅡ)	오행의 기운(氣)	하늘의 작용(用)

4. 합자의 역학적 의미

『훈민정음해례』에서는 초·중·종성이 합하여 완전한 하나의 글자[음절]를 이루는 것에 대하여 천지인 삼재·삼원과 관련시켜 설명하고 있다. 초성은 발동하는 뜻이 있으니 하늘[天]의 일이고, 종성은 그치고 정해지는 뜻이 있으니 땅[地]의 일이고, 중성은 초성의 생겨남을 이어받아 종성의 이룸을 연결해 주니 사람[人]의 일이다. 이 내용을 정리해 보면 <표> 초·중·종성의 역학적 의미와 같다.

사람은 동과 정을 겸하고 있고 하늘과 땅의 작용을 이어주고 있다. 중성 모음이 중심이 되어서 초성·종성의 자음과 화합하여 하나의 완성된 글자를 형성한다는 훈민정음 합자(合字)의 의미를 표현하고 있는 것이다.

"초성·중성·종성이 합쳐져 이루어진 글자로 말할 것 같으면, 동(動)과 정(靜)이 서로 뿌리가 되고 음과 양이 서로 변하는 뜻이 있으니, 동이란 하늘[초성]이요, 정이란 땅[종성]이며, 동과 정을 겸하는 것은 사람[중성]이다."

— 『훈민정음해례』 제자해

초·중·종성의 역학적 의미

소리	삼재	동정(動靜)	일	의의	오행 작용
초성	천	동	하늘 일	발동함	신의 운행(정신의 움직임)
중성	인	동정	사람 일	초성의 생김을 잇고 종성의 이룸을 연결	인의예지신…신의 운행 간심비폐신-바탕의 이룸
종성	지	정	땅의 일	그치고 정해짐	바탕의 이룸(물질의 이룸)

중성이 깊고 얕음과 열리고 닫힘으로써 앞에서 부르면, 초성이 아, 설, 순, 치, 후 오음의 청탁으로 뒤에서 화합하여(중성을 중심으로 서로 결합하여) 음절의 첫소리[초성]가 되기도 하고 끝소리[종성]가 되기도 하니, 만물이 땅에서 처음 나서 다시 땅으로 되돌아감을 알 수 있다. 그리고 음절의 중심은 중성에 있으므로 초성과 종성이 중성과 어울러서 글자를 이루는데, 이것은 천지가 만물을 낳고 이뤄도 그 마름해서 이루고 보필해서 돕는 것은 반드시 사람에게 힘입음과 같다. 태초의 원기가 두루 흘러 다하지 않고, 사시의 운행이 순환하여 끝이 없는 까닭에 원형이정의 이치에 따라 정(貞)이 다시 원(元)이 되고, 겨울이 다시 봄이 되는 것이니 초성이 다시 종성이 되고, 종성이 다시 초성이 되는 것 또한 같은 이치이다.

『훈민정음해례』 합자해에서는 사성(四聲)의 성조에 대해서도 설명하면서 사성을 사계절의 순환과 그에 따른 만물의 변화양상과 관련시키고 있는데 여기에도 역학적 의미가 함축되어 있다. 평성(平聲)·상성(上聲)·거성(去聲)·입성(入聲)을 춘하추동 계절의 순환에 맞춰 배열하고, 이에 따라 만물이 생장수장(生長收藏)하는 과정을 통해 사성을 설명하였다.

평성은 봄으로서 만물이 천천히 피어나며, 편안하고 부드럽다(安而和). 상성은 여름으로서 만물이 점점 무성해지며, 부드럽고 높다(和而擧). 거성은 가을로서 만물이 무르익으며, 높고 씩씩하다(擧而壯). 입성은 겨울로서 만물이 숨고 감춰지며, 빠르고 막힌다(促而塞)고 하였다.

5. 순음(ㅁㅂㅍ)과 후음(ㅇㅎ)의 오행 분별

자음의 오행·오성 분류에서 순음(입술소리)과 후음(목구멍소리)이 『훈민정음해례』에서와 다르게 오늘날 역학 분야에서 적용되고 있다. 『훈민정음』 해례본이 발견된 이래 훈민정음을 역학과 관련시킨 연구가 많이 나오고, 이에 따라 훈민정음의 역학적 의미에 대해 다양한 의견이 나오고 있으나 이러한 분류상의 차이점에 대해서는 별로 다루지 않고 있다. 그러므로 이에 대해서도 심각하게 고민해 볼 필요성이 있다.

『훈민정음해례』에서는 초성 17자를 아음·설음·순음·치음·후음 및 반설음·반치음으로 분류한다. 초성을 이렇게 분류하는 것은 중국 음운학의 영향이다. 중국의 『광운(廣韻)』·『고금운회거요(古今韻會擧要)』·『홍무정운(洪武正韻)』 등에서도 이런 방식으로 분류하였다.

『훈민정음해례』는 "무릇 사람이 음성을 갖고 있는 것은 오행에 근본하기 때문에 사계절과 합하여 보아도 거슬림이 없고, 오음에 맞추어도 틀리지 않는다."라고 천명하면서 앞의 <표> 자음의 역리적 분류에서와 같이 자음을 오음(아설순치후)과 오성·오행·계절·방위 등에 배정하였다.

자음을 이와 같이 오음·오행·계절 등과 관련지어 설명하는 것은 훈민정음 창제자의 독창적인 견해라고 보기는 어렵다. 왜냐하면 송대 사마광(司馬光)이 짓고 명대 소광조(邵光祖)가 보정했다며 『사고전서』에 수록되어 있는 중국 최고(最古)의 등운서(等韻書)인 『절운지장도(切韻指掌圖)』의 '변자모차제례(辨字母次第例, 자모의 차례를 분별하는 예)'에서도 『훈민정음해례』와 같은 내용이 있기 때문이다.

『절운지장도』에서 '자모가 상생하는 뜻을 취한다'는 것은 아설순치후 오음을 목화토금수 오행의 상생 순서로 배속했다는 의미로서, 『훈민정음해례』에서 오음의 오행 배속과 일치한다.

> "무릇 자모란 그 성음의 올바름을 취하여 세우는 것을 근본으로 삼는데, 근본을 세움으로써 성음이 이로 말미암아 생긴다. 그러므로 36자모를 모태로 해서 384성이 나오니 자모가 상생하는 뜻을 취하는 것이다. 일기(一氣)가 나옴으로 해서 (성음에) 청탁(淸濁)의 차례가 있고 경중(輕重)의 차례가 있으며, 합하여 오음(五音)이 되고 운행하여 사시(四時)가 되는 것이다. 맨 처음의 아음은 봄의 상이며 각음이고 木행이다. 그 다음의 설음은 여름의 상이며 치음이고 火행이다. 그 다음의 순음은 늦여름의 상이며 궁음이고 土행이다. 그 다음의 치음은 가을의 상이며 상음이고 金행이다. 그 다음의 후음은 겨울의 상이며 우음이고 水행이다. 오음의 나옴이 사시의 운행과 같다는 말이 바로 이것이다."   ― 『절운지장도』 변자모차제례

그런데 자음을 오음·오성·오행 등에 배속하는 데 있어 『훈민정음해례』와 다른 견해도 일부 있다. 그 대표적으로 신경준(申景濬, 1712-1781)의 『훈민정음운해(訓民正音韻解)』(1750)에서는 순음과 후음에 대한 배속이 『훈민정음해례』와 다르다.

『훈민정음해례』에서는 순음이 궁성(宮聲)의 土, 후음이 우성(羽聲)의 水로 배속되어 있는데 반해, 『훈민정음운해』에는 순음이 우성, 후음이 궁성으로 되어 있다. 『훈민정음해례』와 『훈민정음운해』의 순음과 후음에 대한 설명을 각각 살펴보면 다음과 같다.

"목구멍은 깊고 윤택하니 水이다. 그 소리가 공허하고 통하여 마치 물이 허명(虛明)해서 유통하는 것과 같다. 계절로는 겨울이고 소리로는 우(羽)이다. (…) 입술은 모나고 합해지니 土이다. 그 소리가 머금고 넓으므로 마치 땅이 만물을 함축하고 광대한 것과 같다. 계절로는 늦여름이고 소리로는 궁(宮)이다."　　―『훈민정음해례』 제자해

"궁(宮)은 중(中)이므로 중앙에 위치하여 사방으로 통하고 만물의 생육을 창시하고 사성(四聲)의 벼리가 된다. 그 소리는 주로 합하는 것이라 그 모양은 ○이 되는데 이것은 土의 원만하고 사방에 두루 미치며 모자람이 없음을 나타내는 상이다. (…) 우(羽)는 취(聚)이니 만물이 모여 감춰지고 하늘을 덮는 것이다. 그 소리는 주로 토(吐)하는 것이라 그 모양은 □이 되는데 이것은 물이 모여 구멍에 가득 찼음을 나타내는 상이다."
　　―『훈민정음운해』 상형

이런 차이는 중국 운서인『칠음략(七音略)』과『사성등자(四聲等子)』간에도 나타난다. 송나라 정초(鄭樵)의『칠음략』은 후음을 궁성, 순음을 우성에 대응시킨데 반해, 저술자와 저술 시기가 불분명한『사성등자』의「칠음강목(七音綱目)」에서는 후음을 우성, 순음을 궁성에 대응시키고 있다.

　이러한 오음에 대응하는 오성의 명칭 차이는『옥편(玉篇)』에서 비롯된 오음과 오성의 대응에 그 동안 변화가 생겼던 것을『사성등자』에서 비로소 반영하였음을 의미한다. 이러한 변화는 원래 음악 용어이던 오성의 명칭이 성모(聲母, 자음)를 나타내는 데 사용

되면서 일정한 음계 상의 연관성이 없이 명칭의 대응만이 이루어졌기 때문에 발생한 혼란에서 기인한다.

> "이 책 『사성등자』의 「칠음강목」은 '방방병명비부봉미(幫滂並明非敷奉微)'의 순음을 궁성으로 하고, '영효압유(影曉匣喩)'의 후음을 우성으로 하여 오음에 관한 『옥편』의 옛 것을 많이 바꾸었다." ─ 『사성등자』

1448년(세종 30) 신숙주(申叔舟) 등이 세종의 명으로 편찬한 우리나라 최초의 운서인 『동국정운(東國正韻)』은 중국의 『고금운회거요』(1297)를 저본으로 해서 『고금운회거요』의 초성 36자모를 23자모로 통합하였다. 이는 훈민정음의 초성 17자에 전탁음 6자(ㄲ, ㄸ, ㅃ, ㅉ, ㅆ, ㆅ)를 합한 체계이다.

『고금운회거요』는 36자모를 오성(궁상각치우)으로 배속하되 이를 오음(아, 설, 순, 치, 후)으로 배속하지는 않았으나 그 내용을 살펴보면 각[見]-아음, 치[端]-설음, 궁[幫]-순음, 상[精]-치음, 우[影]-후음으로 인식하고 있었음을 알 수 있다. 이는 『훈민정음해례』의 오성-오음 배속과 동일하다. 그러나 『동국정운』에서는 『훈민정음해례』와 다르게 우-순음-水, 궁-후음-土로 배속하고 있다.

1375년 명대 초에 편찬된 『홍무정운(洪武正韻)』은 당시 중국음의 표준으로 인식되었는데, 이를 기저로 신숙주 등이 한자의 실질적인 화음(華音)을 정확하기 나타내기 위해 1455년(단종 3)에 『홍문정운역훈(洪武正韻譯訓)』을 편찬했다. 『홍무정운역훈』은 『홍무정운』의 초성 31자모체계를 그대로 이어받았는데, 우-순음-水, 궁-후음-土로 우와 궁을 『훈음정음해례』와 다르게 배속하고 있다.

이러한 배속은 최세진(崔世珍)이 1517년(중종 12)에 편찬한 운서인 『사성통해(四聲通解)』에서도 그대로 이어진다. 왜냐하면 최세진은 한자음을 정하는 기준이 『홍무정운』에 있음을 범례에서 밝히고 있기 때문이다. 박성원(朴性源)이 1747년(영조 23)에 편찬한 운서인 『화동정음통석운고(華東正音通釋韻考)』도 범례 첫머리에 「오음초성도(五音初聲圖)」를 실으면서 우-순음, 궁-후음으로 분류하고 있다. 1493년 성현(成俔) 등도 『악학궤범(樂學軌範)』의 오성도설(五聲圖說)에서 송나라 진양(陳暘)의 『악서(樂書)』의 말을 인용하면서 궁-중앙-토, 우- 북방-수로 분류하고 있다.

"물(物)이 생겨 정(情)을 갖고, 정이 발해서 성(聲)이 된다. 그러므로 천(天)5와 지(地)10이 합하여 중앙에 土를 낳으니 그 성은 궁(宮)이다. 지4와 천9가 합하여 서방에 金을 낳으니 그 성은 상(商)이다. 천3과 지8이 합하여 동방에 木을 낳으니 그 성은 각(角)이다. 지2와 천7이 합하여 남방에 火를 낳으니 그 성이 치(徵)이다. 천1과 지6이 합하여 북방에 水를 낳으니 그 성은 우(羽)이다."

— 『악학궤범』

훈민정음 제자 원리와 역학과의 관련은 조선시대의 다른 문헌에도 나타난다. 최석정(崔錫鼎)이 1678년(숙종 4)에 편찬한 『경세정운(經世正韻, 경세훈민정음)』은 우리나라 최초의 운도(韻圖)로 평가된다. 최석정은 『경세정운』에 「17성분배초성도(十七聲分配初聲圖)」를 실어면서 훈민정음의 초성체계를 그대로 이어받아 17초성을 오음으로 분류하고 있다.

『경세정운』의 17성분배초성도

ㄱ 君	ㅋ 快	ㅇ 業	아음(牙音) (角)
ㄷ 斗	ㅌ 呑	ㄴ 那	설음(舌音) (徵)
ㅂ 彆	ㅍ 漂	ㅁ 彌	순음(脣音) (宮)
ㅈ 卽	ㅊ 侵	ㅅ 戌	치음(齒音) (商)
ㆆ 挹	ㅎ 虛	ㅇ 欲	후음(喉音) (羽)
		ㄹ 閭	반설음(半舌音)
		ㅿ 穰	반치음(半齒音)

『경세정운』과 더불어 조선을 대표하는 운도인 신경준의 『훈민정음운해』는 훈민정음 초성·중성·종성에 대하여 소옹(소강절)의 「경세정성정음창화도(經世正聲正音唱和圖)」 등 동양철학 이론을 많이 적용하며 설명하였지만, 신경준이 『훈민정음』 원본인 해례본을 참고하지 못하였기 때문에 훈민정음 제자 원리의 철학적 배경에 대해서는 체계적으로 설명하지 못하였다고 지적된다.

국어학자 최현배도 그의 저서 『고친 한글갈』(1961)에서 신경준이 『훈민정음』 원본을 보지 못하고 『훈민정음운해』를 저술했음을 지적하고 있다. 그리고 한글의 태극사상 기원설과 관련해서도 "(신경준은) 정인지 서(序)만 보았을 뿐이요, 그 '훈민정음해례'는 보지 못하고, 다만 자기의 요량대로 태극설과 한글과의 관련을 붙여 본 것이다."라고 하면서 신경준이 『훈민정음』 원본을 보지 못한 채 자신의 주장을 펼쳤다고 지적하였다.

"여기에 우리가 한 가지 생각할 것이 있으니 신경준이 정인지 무리의 '훈민정음해례'를 보지 못한 일이다. ①그의 지음 중에 '해례'를 들어 말한 일이 도모지 없으며, ②

그의 가온소리(중성) 발생설이 '해례'의 것과 자형적으로 다르며, ③첫소리(초성)의 꼴본뜨기설(상형설)에 대하여 "이 단락은 더욱 뛰어나다. 앞 사람이 미처 드러내지 못한 것을 나타냈다고 말할 수 있다(此段尤妙, 可謂發前人所未發)."라 자찬함은 이를 증명하는 것이라 하겠다."

― 『고친 한글갈』

이런 내용들로 미뤄볼 때 신경준은 『훈민정음운해』 저술 당시 『훈민정음』 원본을 읽어보지 못한 것으로 생각된다. 그러므로 그의 훈민정음에 대한 역학적 접근은 자신의 탁월한 개인적 추론에 의해 이뤄진 것으로 볼 수 있다. 이에 대해 최현배는 "申公은 '훈민정음해례'도 보지 않고서 여러 방면으로서 첫소리 글자의 꼴본뜨기설을 주장하였을 뿐 아니라."라고 하였던 것이다.

지금까지 음운서를 주로 살펴봤는데, 송대 요중(廖中)이 펴낸 추명서(推命書)인 『오행정기(五行精紀)』에서는 사람의 성(姓)을 오음으로 분류하면서 『신백경(神白經)』의 구절을 인용하여 '후음-궁, 순음-우'로 배속하였고, 『삼명검(三命鈐)』의 구절을 인용하여 '궁음과 우음을 水土에 함께 배속하였다.

자음의 순음-후음 분류에 관해 지금까지 살펴본 문헌들을 정리해 보면 <표>와 같다.

자음의 순음-후음 분류 문헌

순음-궁성(土) / 후음-우성(水)		순음-우성(水) / 후음-궁성(土)	
조선	중국	조선	중국
『훈민정음해례』 『경세정운』	『절운지장도』 『고금운회거요』 『사성등자』	『동국정운』 『훈민정음운해』 『홍문정운역훈』	『칠음략』 『홍무정운』 『오행정기』

	『성운고(聲韻考)』	『사성통해』 『화동정음통석운고』

비록 조선과 중국의 관련 문헌 전반은 아니지만 주요 문헌을 통한 비교이므로 그 윤곽은 충분히 파악할 수 있는데, 대체로 중국의 운서들은 『훈민정음해례』와 같은 분류를, 조선의 운서들은 『훈민정음해례』와 다른 분류를 하는 경향이다.

『백호통의』에 따르면, 궁상각치우의 오성에서 궁성은 土, 상성은 金, 각성은 木, 치성은 火, 우성은 水에 해당된다(오성의 명칭이 되는 까닭으로). 각(角)은 '뛰어오르다[躍]'의 뜻이다. 이때 양기가 움직여 뛰어오른다. 치(徵)는 '그치다[止]'의 뜻이다. 이때 양기가 정점에 이르러 그치게 된다. 상(商)은 '펼치다[張]'의 뜻이다. 이때 음기가 나와서 펼쳐지고 양기가 내려가기 시작한다. 우(羽)는 '구부리다[紆]'의 뜻이다. 이때 음기가 위에 있고 양기가 아래에 있다. 궁(宮)은 '안에 담다[容]', '머금다[含]'의 뜻이다. 사시를 품어서 담아 있는 것을 말한다.

고대의 음악은 현(絃)의 굵기와 가늘기에 따라 그 소리의 장단·고저·청탁을 구분하였으니, 곧, 궁성은 현이 가장 굵으므로 그 음이 가장 길고 낮고 탁하며, 상성은 현이 그 다음으로 굵으므로 그 음이 둘째로 길고 낮고 탁하며, 각성은 현의 굵기와 가늘기가 중간이므로 그 음도 장단·고저·청탁이 중간이고, 치성은 현이 그 다음으로 가늘기 때문에 그 음이 둘째로 짧고 높고 맑으며, 우성은 현이 가장 가늘기 때문에 그 음이 가장 짧고 높고 맑다. 즉, 중국 음악에서 음계로 사용되던 오성은 궁(土)→상(金)→각(木)→치(火)→우(水)의 순으로 그 음이 점점 짧아지고 높아지고 맑아진다.

앞에서 살펴봤듯이 『훈민정음해례』는 자음을 오행에 각각 배속하면서 ① 발음기관의 특징 ② 발음되는 소리의 특징을 근거로 하였다. 먼저, 소리가 나는 자리, 즉, 목구멍·어금니·혀·이·입술 자체의 특징이 각각 물·나무·불·쇠·흙과 비슷하다는 것이다. 목구멍은 깊고 윤택하니 물, 어금니는 어긋나고 길어서 나무, 혀는 재빠르게 움직이므로 불, 이는 단단하고 자르니 쇠, 입술은 모나고 합해지니 흙이란 것이다.

다음으로, 발음되는 소리 그 자체가 다섯 물질의 특징과 비슷하다는 것이다. 목구멍소리(ㅇ, ㆆ, ㅎ)는 비고 통하니 이것은 물이 비고 밝고 흘러 통함과 같다. 어금닛소리(ㄱ, ㅋ, ㆁ)는 목구멍소리와 비슷하나 가득 차 있으니 이것은 나무가 물[목구멍]에서 나서 형체가 있음과 같다. 혓소리(ㄴ, ㄷ, ㅌ, ㄹ)는 구르고 날리니 이것은 불이 이글거리며 타오르는 것과 같다. 잇소리(ㅅ, ㅈ, ㅊ, ㅿ)는 부스러지고 걸리니 이것은 쇠가 부서져서 단련되는 것과 같다. 입술소리(ㅁ, ㅂ, ㅍ)는 머금고 넓으니 이것은 땅이 만물을 머금어서 넓고 큼과 같다.

즉 목구멍소리는 유동적이어서 물처럼 흐르는 듯하고, 어금닛소리는 단단하여 나무를 두들기는 듯한 소리로 들리고, 혓소리는(특히 ㄴ, ㄹ)불꽃이 재빨리 움직이는 듯 느껴지고, 잇소리는 쇠가 부서지는 듯한 소리가 나며, 입술소리는 땅처럼 든든한 느낌을 준다. 훈민정음 창제자들은 자음 소리에서 이러한 인상을 받았고, 이러한 인상을 철학적으로 해석한 것이다.

앞서 살펴본 오성(오행)의 특성에 오음의 특성을 각각 연결해 보면, 궁성(土)은 입술소리(ㅁ, ㅂ, ㅍ), 상성(金)은 잇소리(ㅅ, ㅈ, ㅊ, ㅿ), 각성(木)은 어금닛소리(ㄱ, ㅋ, ㆁ), 치성(火)은 혓소리(ㄴ, ㄷ, ㅌ, ㄹ), 우성(水)은 목구멍소리(ㅇ, ㆆ, ㅎ)의 관계가 가장 적절함을 알 수 있다.

그리고 훈민정음의 오음·오성·오행 배속에 관해서는 무엇보다도 훈민정음 창제자들의 인식(『훈민정음해례』의 견해)을 가장 우선해야 함이 지극히 당연하다. 더구나 훈민정음 순음과 후음의 오성·오행 분류에 혼란이 생겨나게 된 발단인 『훈민정음운해』의 저술자 신경준이 『훈민정음』 원본인 『훈민정음해례』를 보지 못한 것이 지적되는 현 상황에서 명확한 논거도 없이 『훈민정음해례』의 오음 분류에 이론(異論)을 제기하는 것은 훈민정음 창제에 담긴 본래 의미를 퇴색시키는 것으로서 결코 합당하지 않다.

앞서 고찰했던 『사성등자』 「칠음강목」에서 순음을 궁성(土), 후음을 우성(水)으로 삼은 사실을 두고 오음에 관한 옛 방법을 고친 것이라는 『사고전서총목제요』의 말도 중요한 단서가 될 것이다. 이는 원래 음악 용어이던 오성의 명칭이 성모(자음)을 나타내는 데 사용되면서 일정한 음계상의 연관도 없이 오음과 명칭의 대응만이 이루어졌기 때문에 발생한 혼란을 비로소 정정한 것이기 때문이다.

입술소리 'ㅁ'을 소리 낼 때는 입술이 열렸다 닫히므로 이때의 입 모양을 본떠서 'ㅁ'자를 만들었다. 중국 한자의 '口(입 구)'자도 원래 입의 모양을 본뜬 것이므로 이 두 글자는 같게 만들어졌다. 그리고 입술소리의 기본자 'ㅁ'은 땅

순음의 형상

(土)이 사방(四方)으로 펼쳐진 '지방(地方)'의 모습과도 닮았다. 이는 글자 모양 상으로도 'ㅁ'이 궁성인 土음에 배정된 근거로 볼 수 있다.

훈민정음에서 'ㅇ'(이응)은 음가(音價)가 없는 글자이다. 가령 '아'는 모음 'ㅏ'의 소리만을 나타낼 뿐이지 실제 'ㅇ'의 음가는 없다. 그러나 소릿값이 없는 것을 없다고 생각하지 않고 '무(無,

zero)의 소리'가 있는 것으로 생각하고 'ㅇ'를 만든 것이다. 그리하여 음가가 없는 소리를 표기하는데 'ㅇ'을 활용했으니, 이것은 오늘날 수학의 '0'(영)과도 통한다. 'ㅇ'(이응)의 발명은 수학에서 영(0)의 발명만큼이나 획기적이며 상상하기 어려운 일이다.

앞의 <그림> 선천 하도의 수리와 오행에서 보면 만물은 오행상 水로부터 비롯된다. 그래서 水는 만물의 본원으로서 생수(生數)는 1이 되고 성수(成數)는 6이 된다. 『서경』 홍범에서도 "오행의 첫째는 水이며 水는 적시며 내려가는 것(五行, 一曰水, 水曰潤下)"이라고 하였다. 이는 훈민정음 창제자들이 음가가 없는 목구멍소리 'ㅇ'을 만물의 근원이자 오행의 본원인 水에 배정한 까닭으로 볼 수 있다.

자음 상형도
출처: 국어단체연합 국어문화원, 『누구나 알아야 할 한글 이야기 10+9』, 문화체육관광부, 2013, 20쪽.

입술소리(ㅁ)와 목구멍소리(ㅇ)의 올바른 적용

한글 자음의 기본자(ㄱ·ㄴ·ㅁ·ㅅ·ㅇ)는 각기 그 발음작용이나 발음기관의 모양을 본떠서 만들고 **오행(목화토금수)의 상생 순서**로 배속하였다. 나머지 자음들은 소리가 조금 더 세게 나는 정도에 따라 획을 더하여 만들었다.

그래서 『훈민정음해례』<제자해>에 따른 자음의 순서는 ㄱ→ㅋ(어금닛소리), ㄴ→ㄷ→ㅌ(혓소리), ㅁ→ㅂ→ㅍ(입술소리), ㅅ→ㅈ→ㅊ(잇소리), ㅇ→ㅎ(목구멍소리)이며, 현재 한글맞춤법의 자음 기본자 순서도 이에 따라 ㄱ·ㄴ·ㅁ·ㅅ·ㅇ순으로 되어 있는데 모두 **목화토금수(木火土金水) 오행의 상생 순서에 맞춰 배열**된 것이다. ☞ 91쪽 <자음과 오행의 상생 관계도> 참고.

ㄱ(木) ㄴ(火) ㅁ(土) ㅅ(金) ㅇ(水)

土인 입술소리(ㅁ)가 水, 水인 목구멍소리(ㅇ)가 土로 잘못 전해진 역사적 까닭

　1504년 갑자사화(연산군 재위 10년) 때 연산군의 폭정을 비방하는 언문백서 사건의 여파로 훈민정음 관련 문서들이 불살라지면서 『훈민정음해례』도 사라지게 되었다. 그래서 훈민정음인 한글이 창제된 원리와 이치가 제대로 전해지지 못하였고 숱한 낭설만 난무하였다.
　안동의 광산김씨 문중에서 소장되고 있던 『훈민정음해례』를 1940년 간송 전형필 선생이 구입 후 비밀로 하였다. 1945년 광복 후 전형필 선생이 한글학회 학자들에게 공개하면서 1504년 갑자사화 후 440여 년만에 비로소 『훈민정음해례』가 다시 세상에 나오게 되었다.
　그러나 현재 거의 모든 작명가들은 일본식 81수 수리작명법과 마찬가지로 『훈민정음』 원본인 『훈민정음해례』의 오행 상생 순서도 모른 채, 土인 입술소리(ㅁㅂㅍ)를 水, 水인 목구멍소리(ㅇㅎ)를 土로 오행을 뒤바꾸어 적용하면서도 그 오류를 전혀 깨닫지 못하고 있다.

> 세종대왕이 직접 지은 예의(서문 포함)는 전해졌지만 한글의 창제원리가 적힌 '해례'의 존재를 몰랐다가 이 해례본이 출현함으로써 모든 궁금증이 사라졌다.
> － 김슬옹, 「<훈민정음> 해례본 간송본의 역사와 평가」, 『한말연구』 제37호, 한말연구학회, 2015.

제5부

선천 사주와 조화 되는 좋은 이름

음양오행론은 동아시아 문화권에서 우주 만물의 서로 대응하는 둘, 그리고 서로 연관되는 다섯 가지 바탕 기(氣)가 서로 작용하는 가운데 자연계의 우주 만물을 생성·변화하게 하는 근원이자 법칙으로 이해되었고, 나아가 인간·사회·정치·역사 등과 광범위하게 연관됨으로써 동아시아 사람들의 사유와 삶에 중요한 준거로 역할을 해 왔다.

사람의 인생은 피사의 사탑에서 같은 궤적을 그리며 떨어지는 쇠구슬이 결코 아니다. 그러므로 운명함수의 제반 조건들이 아무리 동일할지라도 시간과 공간이란 두 축 안에서 인간이란 유기적 존재가 만나서 그려내는 인생의 궤적은 결코 동일할 수가 없다. 사주명리의 운명함수는 외부 요인과 상호 작용하는 열린계이지 고립된 닫힌계가 단연 아니다.

사주 안의 음양오행은 자동차·여객선·비행기의 승객이나 화물에 비유할 수 있다. 그러므로 사주 명조 안에 음양오행이란 짐을 적정하고 균형 있게 싣지 않으면 운(運)에서 조금만 험난한 노선을 만나도 전복되거나 사고로 이어진다. 자동차로 비유하면 이름은 음양오행의 균형 회복을 도와주는 부가 장치에 해당한다. 자동차를 바꾸지는 못하지만 그 기능과 편의성은 향상시킨다.

1. 둘 다섯의 조화, 음양오행

◉ 음양(陰陽)

음양은 본래 특별한 의미가 없는 평범한 개념이었다. 인류가 몽매한 상태에서 벗어나면서 처음 발견한 것은 바로 낮과 밤, 양달과 응달처럼 서로 대응하고 있는 자연현상이었다. 이는 아주 오래되고 소박한 최초의 음양 관념을 형성하게 되는데, 이 당시의 음양 관념은 기껏해야 양은 따뜻하고 밝으며, 음은 서늘하고 어둡다는 정도의 의미에 지나지 않았다.

그러나 시간이 흐르면서 사람들의 인지가 발달하고 지식이 늘어감에 따라 이런 대응의 짝을 더욱 연상하기 시작하였다. 그리하여 하늘과 땅, 암컷과 수컷, 삶과 죽음 등등 세상은 온통 이런 대응의 짝으로 구성되어 있다고 생각하기에 이르렀다. 그 결과 전국시대(B.C.403-221) 무렵부터 음양 관념은 점차 복잡해지고 자연적 속성에서 추상적 사유로 변화되어 가기 시작했다.

영화 ≪하늘과 땅≫

베트남 전쟁이 소재이면서도 전쟁 장면이 전혀 나오지 않는 올리버 스톤 감독의 전쟁 영화 ≪하늘과 땅≫(1993)의 에필로그에 나오는 다음 표현은 음양론이 사람의 운명론과 일정한 연관성을 맺고 있음을 간결하면서도 분명하게 잘 나타내고 있다.

"난 영원히 두 세계 사이에 있을 것이다. 남과 북, 동과

서, 평화와 전쟁, 베트남과 미국, 하늘과 땅 사이에 있는 것이 나의 운명이다. 운명을 거부하면 고통 받고 받아들여질 땐 행복하다."

우리 인간이 살아가는 영원한 두 세계인 남과 북, 동과 서, 평화와 전쟁, 베트남과 미국, 하늘과 땅 등은 바로 음양의 특성을 함축하는 개념이다.

음양의 기본 특성

양	해	낮	밝다	하늘	높다	남자	아버지	불	여름	원형	시작
음	달	밤	어둡다	땅	낮다	여자	어머니	물	겨울	네모	끝
양	위	앞	밖	홀수	━━	길다	넓다	덥다	발산	팽창	가속
음	아래	뒤	안	짝수	━ ━	짧다	좁다	춥다	수렴	수축	제동

음양의 성격 특성

양	외향	적극	능동	자율	개혁	모험	진취	강건	행동	동적
음	내향	소극	수동	타율	보수	안정	전통	유순	생각	정적

우리나라 상례 풍속에 부모나 조부모가 돌아가셔서 초상을 치를 때 남자 상제는 대나무 지팡이를 짚고 여자 상제는 버드나무 지팡이를 짚는다. 대나무는 강건한 남성을 상징하고 버드나무는 유순한 여성을 상징하는 것이다. 대나무는 강건하지만 한 번 잘리면 다시는 새싹을 틔우지 못하는 반면, 버드나무는 비록 연약하지만 아무리 잘라도 다시 새싹이 움튼다. 그래서 여자는 약하지만 어머니는 강하다는 말에도 음양의 이치가 담겨 있다.

『성서』 창세기의 첫 구절에 나오는 천지창조에 관한 이야기도 그 표현만 다를 뿐 음양의 이치로 만물이 생성되었다는 자연의 섭리를 말하고 있는 것이다. 하느님이 인간 이전에 가장 먼저 창조한 하늘과 땅, 빛과 어둠은 결국 음양의 개념으로 귀결된다.

"한 처음에 하느님께서 하늘과 땅을 지어 내셨다. 땅은 아직 모양을 갖추지 않고 아무 것도 생기지 않았는데, 어둠이 깊은 물 위에 뒤덮여 있었고 그 물 위에 하느님의 기운이 휘돌고 있었다. 하느님께서 "빛이 생겨라!" 하시자 빛이 생겨났다. 그 빛이 하느님 보시기에 좋았다. 하느님께서는 빛과 어둠을 나누시고 빛을 낮이라, 어둠을 밤이라 부르셨다. 이렇게 첫날이 밤, 낮 하루가 지났다."

— 『공동번역 성서』 창세기

중국문화의 영향을 상대적으로 적게 받은 제주도에서 구전(口傳)해 오는 우리 민족 고유의 ≪천지개벽≫ 신화에서도 태초의 혼돈 상태에서 음양이 태동하여 만물이 생겨나는 모습을 상징적으로 표현하고 있다. 두 인용문 내용의 유사성을 통해 볼 때 음양 관념은 동서양을 막론한 인류의 보편적 세계관임을 알 수 있다.

"태초 이전에는 천지가 뒤섞여 하늘과 땅의 구별이 없는 어둠의 혼돈 상태였다. 이런 혼돈에서 하늘과 땅이 갈라져서 천지가 개벽하게 되었는데, 하늘에서 아침 이슬이 내리고, 땅에서 물 이슬이 솟아나서 음양이 상통하여 개벽이 시작하였다."

— 제주도 구전 ≪천지개벽≫ 신화

시계 반대 방향(좌선·左旋)으로 도는 양(陽)의 기운과 시계 방향

(우선·右旋)으로 도는 음(陰)의 기운이 만들어내는 음양의 운동성은 허리케인과 태극의 모습에 잘 나타나 있다. 이는 우리가 북극성을 바라보며 하늘을 쳐다보았을 때 하늘이 시계 반대 방향으로 도는 것과도 일치한다. 시계 반대방향으로 회전하는 (인텔 칩셋의) 태극 문양에서 위의 양은 왼쪽, 아래의 음은 오른쪽에 그 운동 중심이 놓여 있는 것이 양좌음우(陽左陰右)가 생성된 기본 원리이다. 한가운데의 작은 원은 북극성으로 볼 수 있다.

인텔 칩셋의 태극 문양

인공위성에서 촬영한 허리케인

우리 민속·수상(手相)·풍수(風水) 등에서 '남좌여우(男左女右)'라고 해서 왼쪽은 양이고 오른쪽은 음이라 하여 남자는 왼쪽이 소중하고 여자는 오른쪽이 소중함을 이르는 말도 이 같은 음양론에서 비롯된 것이다. 그래서 평상시 절을 할 때도 남자는 왼손이 위로 가도록 두 손을 포개고, 여자는 오른손이 위로 가도록 두 손을 포갠다. 그러나 상례와 같은 흉사 때는 반대로 포개 잡는다.

같은 원리로 대통령 문양에서 수컷인 봉(鳳)과 암컷인 황(凰)을 구별해 볼 수도 있다. 대통령이 문양을 배경으로 앉은 경우 대통령의 왼쪽이 수컷(봉), 오른쪽이 암컷(황)이다. 그러므로 문양을 바라보는 독자의 관점에서는 오른쪽이 수컷(봉), 왼쪽이 암컷(황)이다.

대통령 문양

풍수지리에서는 산과 물을 기준으로 음양을 구분하는데, 높낮이를 기준으로 하면 산이 높으므로 양이고 물은 낮은 곳으로 흐르므로 음이다. 하지만 움직임을 기준으로 하면 산은 움직이지 않으므로 음이고 물은 계속 흘러가므로 양이다.

사람의 등[背]은 양이고 배[腹]는 음이다. 구부리면 사람의 등은 펴지면서 하늘을 향하고 배는 웅크려지면서 땅을 향하기 때문이다. 동물들도 등은 위에 있으면서 하늘을 향하고 배는 아래에 있으면서 땅을 향하고 있기 때문이다. 그러나 앞뒤의 관점으로 본다면 사람의 등은 뒤에 있으므로 음이고 배는 앞에 있으므로 양이라고 할 수도 있다.

손등(손톱)은 양이고 손바닥(지문)은 음이다. 대개 손등은 위로 손바닥은 아래로 향하고, 손등은 펼쳐지고 손바닥은 웅크려지고, 손등은 자라나는 손톱이 있고 손바닥은 변하지 않은 지문이 있는 곳이므로 손등(손톱)은 양이고 손바닥(지문)은 음이다. 그러나 하는 일의 양과 운동성의 관점에서 본다면 손등보다 손바닥이 하는 일이 훨씬 많고 움켜쥐면서 운동성도 뛰어나므로 손등이 음, 손바닥이 양으로 음양이 뒤바뀐다.

문은 양이고 문틀은 음이다. 운동성 관점에서 문은 움직이고 문틀은 움직이지 않기 때문이다. 초침은 양이고 시침은 음이다. 초침은 빠르게 움직이고 시침은 천천히 움직이기 때문이다. 그러나 시간을 재는 크기로 보면 초침은 작고 시침은 크므로 오히려 초침이 음이 되고 시침은 양이 된다.

음양은 흑백의 논리처럼 고정된 절대의 세계가 아니라 마주 보는 대상과 함께 어우러져 작용하는 상대의 세계이다. 이를 도형으로 나타내면 ◐나 ◑가 아니라 ☯이다. 낮과 밤이 늘 고정되어 있지 않으며 낮이 지나면 밤이 되고, 밤이 지나면 아침이 찾아오는 것과 같은 이치이다. 즉, 음 속에 양이 있고 양 속에 음이 있으며, 음이 지극하면 양이 되고(陰極陽生) 양이 지극하면 음이 되는(陽極陰生) 것이다. 그러므로 음양의 세계에서는 근본적으로 좋고 나쁨의 구별이 없는 상화(相和)의 세계가 펼쳐진다.

◉ 오행(五行)

오행이란 만물의 기본요소인 목(木)·화(火)·토(土)·금(金)·수(水)의 다섯(五) 가지 기운이 행(行)함을 말한다. 본래 오행은 나무·불·흙·쇠·물 등 자연계에 존재하는 5가지 기본 물질을 일컫는 말이다. 음양과 비슷하게 오행도 처음에는 자연주의적 색채가 농후했으나 전국시대에 오면서 소박했던 오행이 점차 추상화·관념화되기 시작했다.

이 무렵 지금의 오행 순서인 '목-화-토-금-수'가 비로소 확정되었고, 계절·방위·기후·천체(오성)·인체(오장)·덕성(오상)·색상(오방색)·간지(干支) 등이 오행과 긴밀히 결합되었다. 예를 들어 계절로 비유하면, 목은 봄에 해당하고, 화는 여름에, 금은 가을에, 수는 겨울에, 토는 사계절의 성질을 두루 갖추었다고 본다.

이후 진한(秦漢)시대에 이르러 음양오행론이 크게 흥행함에 따라 더욱 많은 사물에 음양오행의 의미가 부여되었다. 그 결과 사주명리와 풍수지리·한의학 등 동양 술수학의 기반을 형성하기에 이르렀다. 따라서 동양적 사유 체계를 이해하려면 오행의 의미와 성질을 비롯하여 오행 간의 상생·상극, 더 나아가 반(反) 상생·상극도 반드시 알아야 한다.

우리나라에서 가문마다 항렬(行列)을 따라 이름을 지을 때 대부분의 경우 '목-화-토-금-수' 오행의 상생 순서를 따르는 것도 바로 이런 동양적 사유 체계의 한 모습이다. 오행에는 '출생(生)—성장(長)—조화(化)—수확(收)—저장(藏)'한다는 생명의 순환적 의미도 담겨 있기 때문이다.

'출생·성장'은 밖으로 확장하려는 양(陽)의 성질, '수확·저장'은 안으로 응축하려는 음(陰)의 성질이고, '조화'는 음양의 조화를 이루려는 성질이다. 식물에 비유하면 '뿌리·줄기→잎·꽃→암수 수정→열매→씨앗'의 순환주기라 할 수 있다.

일월오봉병(日月五峰屛)은 해와 달과 곤륜산(崑崙山)을 주제로 한 그림으로 임금이 앉는 용상(龍床)의 뒤편을 장식하던 병풍이다. 해와 달은 왕과 왕비를 상징하며, 다섯 개의 산봉우리로 표현된 곤륜산은 왕이 다스리는 국토를 상징한다. 동시에 해와 달은 음양, 다섯 개의 산봉우리는 오행을 의미하는 것으로 세상만물의 질서를 통해 국가와 왕실의 영원한 번영을 염원한다. 앞에서 본

대통령 문양의 봉황문과 마찬가지로 양좌음우의 이치에 따라 용상에서 병풍을 등지고 앉은 임금을 기준으로 왼쪽 붉은 원이 해[日]로서 양이고, 오른쪽 하얀 원은 달[月]로서 음이다.

일월오봉병(日月五峰屛)
조선 | 궁중유물전시관 소장

● 목(木)

목은 나무이다. 밑에서 위로 자라나는 성질이 있고 봄의 기운으로 만물을 생해 준다. 만물이 처음 발생하여 생동감 있게 움직이는 것이다. 봄에 싹이 처음으로 땅을 뚫고 나온다는 뜻이기에 글자(木)가 '싹틀 철, 풀 초(ㅐ)'자의 아래에 뿌리(八)가 난 것이다. 땅에 뿌리를 내리고 사는 모든 생명체와 나무로 만들어진 모든 것을 의미한다.

동쪽에 위치하고 봄기운처럼 온화하며 부드럽다. 진취적이며 생동감이 있고 시작하는 성분이다. 작은 나무는 바람에 쉽게 흔들리며 옮겨 심을 수 있지만 큰 나무는 큰 바람을 견디다가 어느 순간 넘어지며 옮겨심기도 어렵다. 큰 나무는 옮겨 심으면 고사(枯死)하는 경우가 많다. 목은 태양을 향해 위로 자라며, 굽어지거나 [曲] 곧게[直] 나아간다. 그래서 목은 곡직(曲直)이다.

● 화(火)

 화는 불이다. 불에는 태양·등불처럼 빛을 내는 불과 용광로·화로처럼 불꽃을 가지고 모든 것을 태우는 불이 있다. 양의 기운이 활발히 작용하여 만물이 변화하는 것이다. 목과 마찬가지로 밑에서 위로 타오르는 성질이 있고, 여름의 기운으로 만물을 무성하게 길러준다. 글자(火)도 불꽃이 타오르는 모습을 나타낸 것이다.

 목과 화는 밖으로 팽창·발산하는 양의 기운이다. 다만 목의 기운은 서서히 자라나는 것이라면, 화의 기운은 급격히 자라게 하는 것이다. 남쪽에 위치하고 여름날 열기처럼 치열하게 불타고 열정적이며 펼쳐진다. 불꽃처럼 겉은 강렬하고 화려하지만 속은 오히려 어둡고 공허하다. 그래서 주역 8괘에서 화는 ☲이다. 가운데가 음효(− −)로서 어둡기 때문이다. 화는 뜨겁고 밝으며, 위로[上] 활활 불타오른다[炎]. 그래서 화는 염상(炎上)이다.

● 토(土)

 토는 땅과 흙이다. 높고 낮은 산과 들, 논과 밭, 대지와 터를 의미하며 모래와 진흙 같은 흙도 의미한다. 땅속에 정기(精氣)를 머금었다가 토(吐)해냄으로써 만물을 길러내고, 이렇게 길러낸 만물을 다시 갈무리하는 일을 한다. 글자(土)에서 '二'는 땅 위와 땅속을 상징하고, 곧게 세운 'ㅣ'(뚫은 곤)은 만물이 땅을 뚫고 나오는 것이다.

 사계절의 사이에 거처하고 다른 오행을 두루 포용하며 중재하고, 저장·보관한다. 봄여름과 가을겨울 사이에 위치하여 발산하는 양의 기운을 수렴하는 음의 기운으로 조절·전환하고 중재한다. 또한 각 사계절의 사이에 거처하여 다른 오행을 두루 도와 길러주면서 포용하여 축장(蓄藏)하는 역할도 한다.

방위 역시 사방에 고루 작용할 수 있는 중앙에 위치하여 나머지 오행을 조절함으로써 어느 한쪽으로 기운이 치우치는 것을 막는 역할을 한다. 사람을 비롯한 육지 동식물이 뿌리를 내리며 사는 곳이고, 좀처럼 변하지 않으며 움직임이 거의 없다. 토는 흩어지는 것을 모으고 내실을 기하며, 심고[稼] 길러서 거둔다[穡]. 그래서 토는 가색(稼穡)이다.

● 금(金)

금은 쇠와 돌이다. 광산에서 캐낸 다듬어지지 않은 무쇠 덩어리와 그 무쇠를 다듬어 만든 연장·보석 등을 의미하며 바위도 포함한다. 금은 금지(禁止)시키는 것이니 음기가 일어나서 만물이 금지되는 것이다. 토가 금을 낳으니 글자(金)에 '土'자가 들어 있으며, 양 옆의 두 점(ソ)은 흙속에서 금이 나오는 것을 상징하고 '人'은 거푸집 덮개를 상징한다. 토의 중재와 조절을 거쳐 비로소 음의 기운이 본격적으로 작용함으로써 목에서 화로 이어지던 양의 활동이 더이상 드세지지 않도록 제어하는 역할을 한다. 가을날 서늘한 기운이 느껴지면 밖으로만 내딛던 자신을 되돌아보고 반성하며, 자신의 내면을 살피고 내부로 들어가 단단하게 결실을 맺는 것이다.

서쪽에 위치하고 가을 기운처럼 성숙해지며 여물어지고 엄숙한 살기(殺氣)가 느껴진다. 강하고 단단하고 차가우며, 마무리하고 결단하는 성분이다. 금은 모형을 따라[從] 고치고 형체를 변혁(變革)함으로써 그릇과 연장을 이룬다. 皮(가죽 피)는 자연 그대로의 생가죽이고 革(가죽 혁)은 무두질해서 가공한 가죽이다. 따라서 革에는 인위적으로 '바꾸다'는 의미가 내재되어 있다. 그래서 금은 종혁(從革)이다.

오행의 갖가지 형상

구분	목	화	토	금	수
재질	나무	불	흙	돌·쇠	물
계절	봄(春)	여름(夏)	환절기(四季) 늦여름(季夏)	가을(秋)	겨울(冬)
방위	동	남	중앙	서	북
기후	바람(風)	더위(暖)	습기(濕)	건조(燥)	추위(寒)
색깔	푸름(靑·蒼)	빨강(赤·朱)	노랑(黃)	하양(白)	검정(黑·玄)
맛(味)	신맛	쓴맛	단맛	매운맛	짠맛
식물	뿌리·줄기	잎·꽃	암수 수정	열매	씨앗
순환	출생(生)	성장(長)	조화(化)	수확(收)	저장(藏)
성품(五常)	어질음(仁)	예의(禮)	믿음(信)	의리(義)	지혜(智)
한글(자음)	ㄱ, ㅋ	ㄴ, ㄷ, ㄹ, ㅌ	ㅁ, ㅂ, ㅍ	ㅅ, ㅈ, ㅊ	ㅇ, ㅎ
한글(모음)	ㅏ, ㅓ	ㅜ, ㅛ	ㅡ, ㅣ	ㅕ, ㅑ	ㅗ, ㅠ
숫자	3, 8	2, 7	5, 10	4, 9	1, 6
천간	갑을(甲乙)	병정(丙丁)	무기(戊己)	경신(庚辛)	임계(壬癸)
지지	인묘(寅卯)	사오(巳午)	진술축미(辰戌丑未)	신유(申酉)	해자(亥子)
직업	교육·건축 의류·출판 문구·목재	종교·예술 교육·방송 화학·전자	종교·철학 중개·저장 토지·농산	군경·법률 금융·의약 기계·철강	식품·유통 숙박·무역 유흥·생명

● 수(水)

수는 물이다. 바위틈에서 솟아나는 샘물을 비롯하여 강물·바닷물·빗물·구름·이슬 등을 의미한다. 물이 수평을 이루듯이 만물을 평준화하는 역할을 하므로 귀함과 천함의 구별이 없다. 만물이 엎드려 숨어있는 겨울에 해당하고, 부지불식간에 물이 스며들듯이 모르는 가운데 부드럽게 젖어들어 보이지 않게 행한다는 뜻이 있다. 물결을 본뜬 글자(水)는 음[人]과 양[人]이 사귀어서 하나(ㅣ)가 나오는 것이니, 수는 오행의 시작이며 원기(元氣)가 모인 진액(津液)이다.

　북쪽에 위치하고 겨울 시냇물처럼 차가우나 봄을 위해 안으로는 생명의 씨앗을 잉태하고 있다. 환경에 따라 고체·기체로 변화하고 그 모양을 바꾼다. 수는 생명의 정기(精氣)를 응축해서 간직·저장하며, 만물을 적셔주고[潤] 아래로[下] 흘러 내려간다. 그래서 수는 윤하(潤下)이다.

● 오행의 상생·상극

오행은 서로(相) 생(生)하고 극(剋)하면서 함께 순환하고 발전해 나간다. 생은 낳아서 자라도록 해 준다는 의미이고, 극은 함부로 못하도록 통제한다는 의미인데, 생은 좋고 극은 나쁘다는 단순한 의미가 결코 아니다. 상생과 상극은 '서로 상(相)'이 의미하는 것처럼 일방적이며 절대적인 관계가 아니라 상호적이며 상대적인 관계이다. 상생과 상극을 가장 쉽게 잘 이해할 수 있는 관계로는 바로 부모와 자식 간의 관계가 있다. 부모가 자식을 낳아 건강하게 기르면서 한편으로 자식이 반듯한 인격체로 잘 자랄 수 있도록 꾸중을 하고 엄하게 자식을 다스리는 도리와 같다.

정도가 지나침은 미치지 못함과 같다는 과유불급(過猶不及)이란 말이 사주명리학에서 가장 적절하게 적용될 수 있는 분야가 바로 오행의 상생·상극이다. 서로 성장할 수 있도록 생하는 기운도 너무 지나치면 오히려 해침이 되며, 서로 통제하는 극하는 기운도 적절하면 오히려 도움이 된다. 부모의 지나친 사랑이 오히려 자식을 망치는 결과를 초래하는 것과 같은 이치이다. 그러므로 오행의 상생·상극뿐 아니라 반(反) 상생·상극의 의미도 정확하게 알아야 한다.

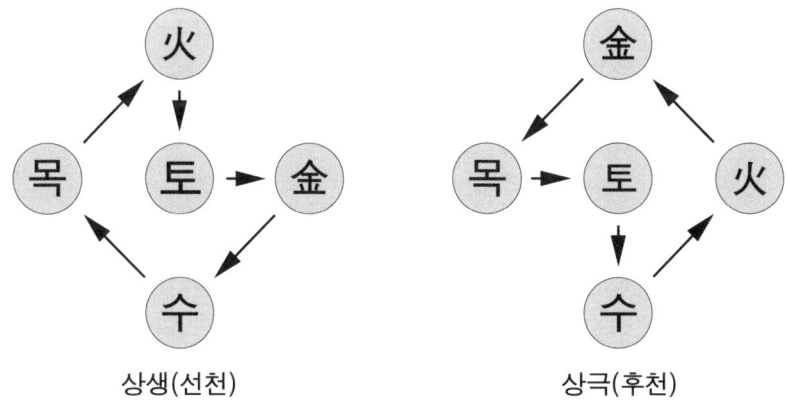

상생(선천)   상극(후천)

상생에 비해 상극이 보다 수동적·타율적 의미를 지니므로 굳이 음양을 나눈다면 상생은 양이고 상극은 음이라 할 수 있다. 상생 순서는 시계 방향으로 좌선(左旋·순행), 상극 순서는 반시계 방향으로 우선(右旋·역행)한다. 앞에서 살펴본 '양좌음우'와도 일치한다. 그리고 선천하도(先天河圖)는 상생의 의미, 후천낙서(後天洛書)는 상극의 의미를 담고 있다. 이러한 이치는 하도의 금(金)과 (火)가 서로 자리를 바꾸어서 생기니 금화교역(金火交易)이라 이른다. 즉, 선후천의 변화는 金과 火가 서로 자리를 바꿈으로써 이루어진다.

● 오행의 상생

상생(相生)이란 '서로 상(相)'과 '날 생(生)'이 합쳐져서 서로가 서로를 낳고 살리고 돕고 보호한다는 뜻이다. 즉 일방적인 희생이나 도움이 아니라 서로 돕고 살리며 더불어 살아가는 공생공존(共生共存)을 의미한다.

오행의 기본적 상생은 수는 목을 생하고(수생목水生木), 목은 화를 생하고(목생화木生火), 화는 토를 생하고(화생토火生土), 토는 금을 생하고(토생금土生金), 금은 수를 생하는(금생수金生水) 것이다.

이를 초목에 비유하면,
씨앗(水)에서 싹이 움터 자라 줄기(木)가 뻗어나고(水生木)
나무줄기(木)는 그 끝에 잎과 꽃(火)을 활짝 피어내고(木生火)
나뭇잎 사이로 핀 꽃(火)의 암술과 수술이 수정해서 음양의 조화
　(土)를 이루고(火生土)
조화(土)의 결실로 성숙한 열매(金)를 맺으며(土生金)
열매(金)는 다음 생명을 기다리며 땅에 씨앗(水)을 떨어뜨려 묻어
　둔다(金生水).

그러나

木生火하나 火生木도 한다.
火生土하나 土生火도 한다.
土生金하나 金生土도 한다.
金生水하나 水生金도 한다.
水生木하나 木生水도 한다.

나무는 땔감으로 불이 잘 타도록 하고(木生火),
불은 나무가 잘 자랄 수 있도록 온기를 보태주고, 나무를 잘라 버리는 쇠로부터 나무를 지켜준다(火生木).

불은 타고 남은 재로 흙을 만들고(火生土),
흙은 불이 잘 탈 수 있도록 아궁이(화로)를 만들고, 불을 꺼버리는 물로부터 불을 지켜준다(土生火).

흙에서 바위와 쇠가 생겨나고(土生金),
자갈은 흙이 살아 숨 쉬는 공간을 만들어 주고(자갈이 없으면 땅이 굳는다―화분에 자갈을 깔아주는 이치), 쇠는 땅에 비해 나무가 많은 경우 나무를 솎아내 흙이 갈라지지 않도록 해 준다(金生土).

암반수처럼 바위에서 물이 생겨나 솟구치고(金生水),
물은 쇠와 바위가 빛나도록 씻어주고(세금 洗金), 쇠와 바위를 녹여 버리는 불로부터 쇠와 바위를 지켜준다(水生金).

물은 나무를 키워 자라나도록 하고(水生木),
나무는 물이 흙탕물이 되지 않도록 흙으로부터 물을 지켜준다(木生水).

● **오행의 상극**

　상극(相剋)도 일방적인 것이 아니라 세력의 상대성(相對性)에 따라 강한 쪽이 약한 쪽을 지배하고 활동을 제한한다는 뜻이다. 상극에는 이처럼 지배·승리·강요·정복의 의미도 있는 반면, 재목(材木)과 제련(製鍊)의 경우처럼 적당한 자극과 함께 다듬고 조절해서 더불어 발전하자는 의미도 함께 지닌다.

　꽃나무를 예로 들어 보다 단적으로 구분한다면, 상생은 온실이고 상극은 들판이다. 시련이 사람을 더욱 성숙되게 만들고, 거친 들판이 꽃향기를 멀리 전하고 오래토록 진하게 만드는 것과 같은 이치이다. 만물의 생장과 변화 과정에는 상생뿐 아니라 상극도 반드시 필요한 작용이다.

　오행의 기본적 상극은 금은 목을 극하고(금극목金剋木), 목은 토를 극하고(목극토木剋土), 토는 수를 극하고(토극수土剋水), 수는 화를 극하고(수극화水剋火), 화는 금을 극하는(화극금火剋金) 것이다.

이를 초목에 비유하면,
나무줄기가 자라기만 하고 속이 튼튼히 하지 못하면 쭉정이만 맺는다. 그러므로 줄기가 웃자라는 것을 자르고 솎아줘야 한다. 생명의 결실이 금이다(金剋木).
음양의 수정(조화) 작용도 그대로 있으면 생명체를 움트게 할 수 없다. 그러므로 성장하는 기운에 의해서 자극을 받아야 한다. 생명의 성장이 목이다(木剋土).
씨앗으로 하여금 새 생명을 움트게 하려면 음기에서 양기로의 전환이 필요하다. 따라서 음양의 조화 작용이 씨앗을 깨워야 한다. 음양의 조절과 중재가 토이다(土剋水).
꽃이 피어만 있고 수정이 되지 않으면 생명의 순환은 단절된다.

그러므로 꽃이 수정할 수 있도록 자극을 줘야 한다. 생명의 수정이 수이다(水剋火).

열매가 지나치게 많으면 오히려 나무줄기가 부러진다. 그러므로 잎과 꽃의 발산 작용이 열매의 결실 작용을 적절히 통제해야 한다. 생명의 발산이 화이다(火剋金).

그러나
金剋木하나 木剋金도 한다.
木剋土하나 土剋木도 한다.
土剋水하나 水剋土도 한다.
水剋火하나 火剋水도 한다.
火剋金하나 金剋火도 한다.

쇠는 나무를 자르고(전지/金剋木), 단단한 나무는 쇠를 깨뜨리기도 한다. 또는 나무뿌리가 바위를 쪼개기도 한다(도끼날이 깨짐, 나무뿌리가 바위를 쪼갬/木剋金).

나무는 흙을 파내고(개간/木剋土), 흙은 나무를 부러뜨리기도 한다(나무가 부러짐/土剋木).

흙은 물을 가로막고(제방/土剋水), 물은 흙을 쓸어버리기도 한다(쓰나미/水剋土).

물은 불을 꺼버리고(소화/水剋火), 불은 물을 말라버리기도 한다(증발/火剋水).

불은 쇠를 녹이고(제련/火剋金), 쇠는 불을 꺼버리기도 한다(불이 꺼짐/金剋火).

- **오행의 반(反)상생·상극**

· **모자멸자(母慈滅子)**: 생해 주는 어머니의 기운이 너무 지나쳐서 오히려 자식을 망친다.

    수다목부(水多木腐): 물이 많으면 나무가 썩는다.
    목다화식(木多火熄): 나무가 많으면 불이 꺼진다.
    화다토초(火多土焦): 불이 많으면 흙이 탄다.
    토다금매(土多金埋): 흙이 많으면 쇠가 묻힌다.
    금다수탁(金多水濁): 쇠가 많으면 물이 흐려진다.

· **자왕모쇠(子旺母衰)**: 생함을 받는 자식의 기운이 너무 지나쳐서 오히려 어머니가 쇠약해진다.

    화다목분(火多木焚): 불이 많으면 나무가 탄다.
    토다화회(土多火晦): 흙이 많으면 불이 어둡다.
    금다토허(金多土虛): 쇠가 많으면 흙이 허하다.
    수다금침(水多金沈): 물이 많으면 쇠가 가라앉는다.
    목다수축(木多水縮): 나무가 많으면 물이 쪼그라든다.

· **반모(反侮)**: 통제를 받는 기운이 너무 지나쳐서 오히려 극을 하는 기운이 망가진다.

    토다목절(土多木折): 흙이 많으면 나무가 부러진다.
    금다화식(金多火熄): 쇠가 많으면 불이 꺼진다.
    수다토류(水多土流): 물이 많으면 흙이 떠내려간다.
    목다금결(木多金缺): 나무가 많으면 쇠가 부러진다.
    화다수증(火多水蒸): 불이 많으면 물이 증발한다.

상생에 근거한 지금의 오행 순서인 '목→화→토→금→수'는 전국시대 중기 이후 『관자(管子)』에서 비로소 확정되었다. 그리고 『관자』 <사시(四時)>에서는 오행이 방위·천체·인체·생기·덕성 등을 비롯하여 각 계절에 시행해야 할 정사(政事), 즉 월령(月令)과 결합되었다.

오행상극은 전국시대 『황제내경소문(黃帝內經素問)』 <금궤진언론>에서도 "사시의 승(勝)이라 함은 봄[木]이 음력 6월[土]을 이기고, 음력 6월이 겨울[水]을 이기고, 겨울이 여름[火]을 이기고, 여름이 가을[金]을 이기고, 가을이 봄[木]을 이기는 것을 말한다."라며 그 관념이 보인다.

음양오행론의 외연적 확대·적용이 보다 분명한 모습으로 나타난 것은 한대(漢代) 초 동중서(董仲舒, B.C.179?-B.C.104?)부터이다. 그는 『춘추번로(春秋繁露)』 <오행상생(五行相生)>에서 "천지의 기는 합해지면 하나가 되고, 나눠지면 음양이 되고, 구별되면 사시가 되고, 나열되면 오행이 된다."라고 우주 발생을 논하면서 기·천지·음양·사시 그리고 오행 간의 관계를 명확히 하였다.

이후 음양오행론은 동아시아 문화권에서 우주 만물의 서로 대응하는 둘, 그리고 서로 연관되는 다섯 가지 바탕 기(氣)가 서로 작용하는 가운데 온갖 현상을 지어내고 우주 만물을 생성·변화하게 하는 근원이자 법칙으로 이해되었다. 나아가 자연계의 우주 만물만이 아니라 인간·사회·정치·역사 등과 광범위하게 연관됨으로써 동아시아 사람들의 사유와 삶에 중요한 준거로 역할을 하였다.

2. 운명 담론과 운명 함수

근본적으로 인간의 삶의 조건은 불완전하고 결핍하다. 이런 세상 속에서 인간은 자신의 운명에 대해 고뇌하며 운명 인식을 싹틔우게 된다. 그래서 동서양을 막론하고 오래전부터 "인간에게 정해진 운명은 있는가, 정해진 운명이 있다면 극복할 수 있는가, 사람마다 운명이 다른 것은 무엇 때문인가?"라며 사람들은 끊임없이 고뇌해왔고 종교와 철학뿐 아니라 과학의 화두로까지 대두되었다. 지금까지도 많은 사상가·종교가가 여전히 논쟁을 이어가고 있다.

그 논쟁은 크게 두 갈래 양상으로 나뉘어 전개되고 있다. 하나는 사람의 힘으로는 어찌할 수 없는 운명이 존재한다는 것이고, 다른 하나는 자신의 운명은 자신이 스스로 만들어갈 수 있다는 것이다. 그러나 이런 논쟁은 쉽게 합일된 결론에 이를 수 없다. 왜냐하면 각 논쟁이 위치하는 관점이 다르기 때문이다. 이를테면 전자는 인생의 한계 상황에서 본능적·직감적으로 깨닫는 인생의 변수(變數)에 관한 것이라면, 후자는 사회교육·윤리 차원에서 규범으로 여겨지는 인생의 상수(常數)에 관한 것이다.

두 갈래의 운명 담론을 논리적으로 분석해 보면, 인생은 운명결정론이나 자유의지론, 어느 한쪽에만 전적으로 매이는 것이 결코 아님을 알 수 있다.

예를 들어 어떤 사람이 아프다고 했을 때 결국 병이 낫거나 낫지 않을 것이기 때문에 의사나 약을 찾을 필요가 없다고 가정하자. 이는 운명결정론·숙명론으로서 어떤 경우에도 치료를 위해 의사나 약을 찾을 필요가 없다. 왜냐하면 결국에는 병이 낫거나 낫지 않을 것이기 때문이다. 그러나 이것은 그 사람의 쾌차 여부가 의사나 약을 구해 찾느냐 찾지 않느냐 하는 사람의 행위나 의지 여하에 좌우 된다는 사실을 간과한 것이다. 하지만 의사나 약을 구한다고해서 언제나 반드시 구할 수 있는 것도 아니며, 의사나 약을 찾았다고 해서 언제나 그 병이 반드시 낫는 것도 아니다. 그리고 사람마다 그 쾌차 정도에도 타고난 기본적 차이가 있다. 이런 타고난 기본적 차이를 현대 과학에서는 유전자(遺傳子, gene)로 설명한다.

심각하지 않은 사소한 병으로 진료를 받다가 의료 과실로 죽음에까지 이르거나 신체 외적인 돌발 요인으로 말미암아 사망하는 경우도 흔히 있다. 이 경우 당사자를 죽음에 이르게 한 요인은 유전자도, 자기 의지도 결코 아니며 어쩔 수 없이 맞닥뜨린 운명의 굴레라고밖에는 설명할 수 없을 것이다.

지금까지 운명론적 신앙과 운명개척 의지에 관한 담론들은 대부분 극단적으로 치우쳐 자신의 견해를 피력하거나 상대의 의견을 비판하였다. 앞의 예로 말하자면 병에 걸리고 쾌차하는 것이 전적으로 운명에 달렸다거나 순전히 자신의 의지로 가능하다는 식이었다. 하지만 현실적으로는 타당성이 없다. 사람의 신체 건강이 자신의 의지와 무관한 유전자 요인에 의해 상당하게 결정되듯이, 무병장수·부귀·육친(六親) 등을 포함하는 사람의 장래 운명도 자신의 의지와 무관한 또 다른 선천적 요인—운명아(運命我)—에 의해 상당히 결정될 가능성이 있다는 사실을 결코 배제할 수 없는 것이다.

이러한 운명아의 가능성을 추론하는 것이 사주명리이다. 사주명리에서는 사람을 소우주(小宇宙, Mikrokosmos)로 가정하면서 사람은 잉태되는 순간부터 우주의 기운과 영향을 주고받는다고 본다. 그 결과 사람마다의 독특한 우주적 시간과 공간의 결정부호인 사주(四柱)가 나오는데, 사주명리는 사람의 생년월일시를 천간과 지지로 각각 치환한 사주를 대상으로 음양오행의 생극제화를 통해서 그 상호 관계를 해석하여 사람 운명의 길흉화복을 예지 판단하는 추론 체계이다.

인생의 향방이나 길흉은 개인의 노력이나 의지, 타고난 사주(팔자) 등 소수의 한정 요인에만 영향을 받아 결정되는 것이 결코 아니다. 인간사는 매우 복합적이고 다단하므로 운명 결정이냐 자유의지냐의 이분법적 흑백논리로 그 해답을 쉽게 찾을 수 있는 단순한 것이 절대 아니기 때문이다. 그래서 "삶이 진정으로 의미 있을 때는 그것이 미지수(未知數)였을 때이다. 완결되지 않아서 미래로 열려 있을 때 인생은 무엇으로든 변화할 수 있는 어떤 것으로 절실히 다가온다"라고 말하는 것이다.

인생 진로에 영향을 미치는 요인은 수없이 많다. 단지 그것들 중의 하나로서, 사람이 태어난 때의 음양오행의 기운이 그 사람의 운명에 주요하게 작용한다는 경험적 사실을 학술적으로 체계화하기 위해, 그 기운을 천간 지지로 부호화한 사주를 통해 체계적으로 해석하고자 하는 것이 바로 사주명리이다. 따라서 인생의 향방과 길흉 등 인생 진로를 굳이 함수로 표현해 보자면 <도표>와 같이 나타낼 수 있다.

사주명리의 운명함수

$$L = f(T) \cdot CV(w \cdot g \cdot p \cdot o \cdot n \cdot m1 \cdot m2 \cdot f1 \cdot f2 \cdot c1 \cdot c2 \cdot x)$$

L: 인생 진로(Life), T: 생년월일시(Time), f: 주요 함수(function), CV: 상수취급 변수(constant-variable), w: 개인 의지·노력(will), g: 유전자(gene), p: 부모 환경(parent), o: 직업(occupation), n: 이름(name), m1: 배우자(mate), m2: 전공(major), f1: 음양택 풍수(feng shui), f2: 외모·관상(features), c1: 택일(choosing an auspicious day), c2: 우연 요소(chance factor), x: 기타(동료·상하의 인간관계 등)

사주명리의 관점에서 삶의 타고난 모습인 운명을 함수로 나타 내다면 생년월일시, 이른바 사주팔자(T)를 가장 주요 변수로 취급한다. 그 외 개인의 의지와 노력(w), 유전자(g), 부모의 환경(p), 그 사람이 종사하는 직업(o), 이름이라는 성명학적 요소(n), 배우자와의 궁합(m1), 전공 공부(m2), 그 사람의 양택과 조상의 음택인 풍수환경(f1), 외모인 관상(f2), 좋은 날을 가려서 행사하는 택일(c1), 우연히 마주치는 요소(c2), 학교·직장·군대 등에서 동료·상하의 인간관계 등 기타 요인(x) 등도 상당한 영향을 미치는 변수임에는 틀림없다.

하지만 사주명리의 운명함수에서는 일정한 값을 갖는 상수로 가정한다. 이처럼 많은 변수를 값이 변하지 않는 상수로 불가피하게 취급하다 보니 사주명리의 운명함수에서는 사주와 인생 진로 간에 명확한 인과 관계를 제시하지 못하는 경우가 있을 수밖에 없다. 그런즉 사주는 믿을 게 못되고 비합리적인 것이라고 인식되는 경우가 많다.

중요한 사실은 이런 운명함수 요인들이 개개인의 미래 운명에 대해 절대적 필연성(必然性, inevitability)이 아니라 확률적 개연성(蓋然性, probability)만을 담보한다는 점이다. 예를 들어 어떤 사람이 타고난 사주가 대운(大運)과 더불어 중화(中和)를 이루면 그의 인생 진로는 좋을 가능성이 매우 높지만 언제나 반드시 높지는 않다. 물론 이런 설명이 엄밀한 이론적 토대로서 사용되기에는 무리가 있겠지만 현실의 여러 실천적 목적에는 유의미하게 사용될 수 있다.

사주를 대저울[杆秤]에 비유하면, 연은 저울대[鉤], 월은 중심점[提綱], 일은 눈금[銖兩], 시는 저울추[權]가 된다. 궁극적으로 사주명리는 생년월일시의 간지(干支)로 이루어진 저울이 균형을 이루는 평형(平衡)의 상태를 지향하며, 이는 '중화(中和)'란 용어로 표현된다.

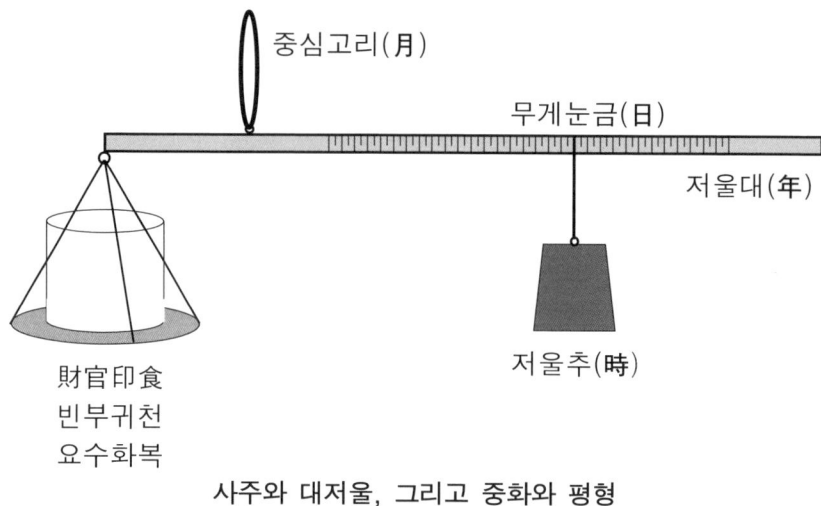

사주와 대저울, 그리고 중화와 평형

사주(팔자)가 음양오행과 한난조습(寒暖燥濕)에서 중화지기(中和之氣)를 이룰 경우 그 사주 주인공은 빈천(貧賤)과 요화(夭禍)의 재앙을 벗어나 마침내 부귀창성하고 무병장수하게 된다고 말한다. 그리고 이러한 사주의 중화지기를 달성할 수 있는 후천적 요인으로는 전공·직업·배우자·풍수 등이 주요하게 거론될 수 있다.

사주명리의 운명함수에서는 절대불변의 상수로 취급되지만 실제 인생 진로에서는 우연의 변수로 작용하면서 길흉화복이라는 특정의 결과를 필연적으로 산출하는 원인이 되는 요소들도 개인 의지·노력·유전자·부모·배우자·전공·직업·풍수·외모·관상·택일·이름·인간관계 등으로 광범위하고 혼재한다. 이로 인해 사주명리의 해석과는 동떨어진 사상(事象)이 만들어져 간명(看命)의 어려움을 가중하기도 한다.

그러나 사람의 인생은 피사(Pisa)의 사탑(斜塔)에서 같은 궤적을 그리며 떨어지는 쇠구슬이 결코 아니다. 그러므로 운명함수의 제반 조건들이 아무리 동일할지라도 시간과 공간이란 두 축 안에서 인간이란 유기적(有機的) 존재가 만나서 그려내는 인생의 궤적은 결코 동일할 수가 없다. 사주명리의 운명함수는 외부 요인과 상호 작용하는 열린계(open system)이지 고립된 닫힌계(closed system)가 단연 아니다. 그렇기 때문에 인간이 더더욱 인간다울 수가 있으며 자아(自我)를 발견해나가는 수고가 오히려 설렘으로 다가올 수 있는 것이다.

3. 확정성에서 가능성으로의 사주명리

사주명리는 일월오성·28수 등 천체의 운행을 포함한 자연의 질서와 그 질서에 상응하는 인사(人事) 관계를 음양의 소식(消息)과 오행의 생극제화(生剋制化)를 통해 해명하려는 음양오행론을 정립하고 간지력(干支曆)을 창조했던 중국과 그 주변 국가[한국·일본]에서 사람의 생년월일시를 간지(干支)로 치환한 후, 일간(日干)을 중심으로 그 상호관계를 해석하여 인간 삶의 길흉과 관련된 요수·빈부·귀천·성패 등의 차별함을 추리하기 위해 만들어진 추론 체계이다.

그러므로 사주명리학이 정립되기 위해서는 먼저 음양오행(陰陽五行) 사상이 정립되어야 하고, 천간(天干)·지지(地支)가 각기 음양오행으로 배속되어야 하며, 천간(10)과 지지(12)의 최소공배수인 60갑자로 날짜를 세는 간지력(干支曆)이 확립되어야 한다. 그리고 사람이 태어난 때[時]로 그 명(命)과 운(運)의 길흉을 해석할 수 있는 점성술(占星術) 지식이 축적되어야 한다. 또한 사람의 명(命)은 처음 태어날 때 그가 받은 품기(稟氣)에 의해서 길흉화복이 이미 결정된다는 정명(定命) 사상 등도 그 바탕에 형성되어 있어야 한다.

사주명리의 체용(體用)을 살펴본다면 음양오행론·정명론·삼재론(三才論)·중화론(中和論) 등은 본질인 체이고, 빈부·귀천·요수·길흉·화복의 예지 판단은 활용과 현상인 용에 속한다고 할 수 있다. 이런 체용 관계를 염두에 두고서 사주명리를 이해하여야 한다.

2022년 6월 현재 대한민국 추계인구수는 51,846,339명이다. 사주명리에서 나올 수 있는 사주의 총 가짓수는 518,400개이다(60갑자년×12개월×60갑자일×12개시). 따라서 같은 사주를 가진 인구수는 대략 100명이고 남녀 각기 50명 정도이다. 그렇다면 이 50명 내지 100명가량의 사람들은 사주가 똑같으므로 과연 똑같은 인생 진로와 운명을 살아가고 있을까? 내가 아는 한 분명히 그렇지 않다. 즉 아무리 사주가 똑같더라도 모두 똑같이 살아가지 않은 채 각기 다른 모습으로 살아가고 있는 게 진정한 인간 삶의 현실이다.

그럼에도 불구하고 항간의 술사들은 사주 여덟 글자를 통해 그 사람의 인생 진로와 운명을 백발백중으로 맞히겠다고 흔히 말한다. 이는 오히려 사주명리학을 점점 더 천박한 학문으로 떨어뜨리는 원인이 되고 있다고 생각한다. 그렇다고 사주명리학이 미래 예측성이 없는 학문이라는 말은 결코 아니다. 오히려 동아시아 문화권에서 탄생한 수많은 학문 가운데서 사주명리학만큼 체계적으로 인생의 미래를 예측하고 실질적으로 조언할 수 있는 학문은 없다고 생각한다. 또한 술수학으로서 사주명리학의 적중률을 높이려는 노력도 당연히 필요하다.

단지 비록 사주가 똑같더라도 똑같은 인생과 운명을 살아가지 않는다는 엄연한 사실을 우리는 직시하고 인정해야 한다. 물론 당사자의 부모 및 타고난 풍수적 환경 등이 다르기 때문인 것도 당연하다. 하지만 그 선천적 요인은 이제 내가 어쩔 수가 없는 것들이다. 초년에는 부모의 영향을 지대하게 받듯이 노년에는 자식으로부터 영향을 가장 크게 받는다. 타고난 부모로부터의 환경을 내가 어찌할 수 없었듯이 시간이 흐를수록 자식도 내가 어찌할 수 없는 불가항력적 부분이 더 크게 작용한다.

사주명리에서 길흉 판단의 요체는 음양오행의 중화(中和) 여부이다. 간단하게 말하면 사주팔자(四柱八字)는 글자 뜻 그대로 8가지이고 음양오행은 2×5로서 10가지이다. 그러면 기본적으로 2가지는 모자랄 수밖에 없다. 10년 주기의 대운(大運)에서 보완이 된다면 좋겠지만 오히려 더욱 모자라거나 넘치는 방향으로 운이 흐른다면 그 사람의 인생 진로와 운명을 어찌 말로 다 표현할 수 있겠는가?

인생과 오행

　인생은 음양과 오행이란 재료로써 집을 짓는 건축에 비유할 수 있다. 집을 지으려면 대들보가 되는 나무, 벽을 쌓는 흙, 주춧돌이 되는 돌과 연장이 되는 쇠 공구, 반죽에 필요한 물과 습기를 말리는 데 필요한 불 등을 모두 고르게 갖춰야만 훌륭한 집을 제때에 바로 지을 수 있다.

　사주 원국은 당사자가 선천적으로 갖고 태어난 건축 재료이다. 그런데 사주팔자는 여덟 자에 불과하므로 음양오행의 열 글자에 비해 두 개가 부족하다. 더구나 지지의 토는 다른 오행에 비해 2배가 된다. 따라서 선천적으로 갖고 있는 사주 원국의 건축 재료는 뭔가 부족하게 될 개연성이 매우 높다.

　이런 건축 재료의 부족 현상[음양오행의 부중화(不中和)]으로 인해 당사자가 원하는 좋은 집을 제때에 바로 지을 수가 없게 되는 것이다. 그런데 10년마다 순환하여 들어오는 대운(大運)에서 때맞춰 필요한 건축 재료가 보완된다면 그 기간 동안에 원하는 집을 완성할 수가 있다.

　예를 들면 집을 지을 나무는 잔뜩 쌓여 있는데 이를 다듬을 쇠 공구와 주춧돌이 없는 난처한 상황에서 때마침 지나가는 손님[대운]이 자신의 쇠 공구와 석재를 10년 동안 맡겨 놓고 간다면 당사자는 그 기간 동안 어떻게든 자신의 집을 지을 수가 있다.

　그러나 설상가상으로 지나가는 손님들마저 목재만 맡겨 두고 간다면 그 당사자는 집을 짓는 것은 고사하고 나무에 치여 다칠 수가 있는 것이다.

　이것이 바로 사주 원국과 대운의 관계이다. 이런 건축 재료의 부족 현상, 음양오행의 부조화 현상을 타개할 수 있는 해결할 수 있는 가장 좋은 방법[개운(開運)방법]은 공부(전공)·직업·배우자이고 그 다음으로 이름이다. 이들도 각기 음양오행이 있는데 이러한 후천적 노력 요인을 통해 당사자의 부족하거나 지나친 음양오행을 보완할 수 있는 것이다.

경험상 추론해 보면 사주 주인공의 선천적·불가항력적 요인 이상으로 후천적 요인인 공부·전공·직업·배우자 등으로 인해 똑같은 사주임에도 불구하고 각기 다른 삶을 살게 됨을 깨달을 수 있었다. 공부의 정도와 전공의 여하에 따라 직업이 정해지고, 직업의 여하에 따라 배우자의 등급도 달라지는 게 일반적 현실이다.

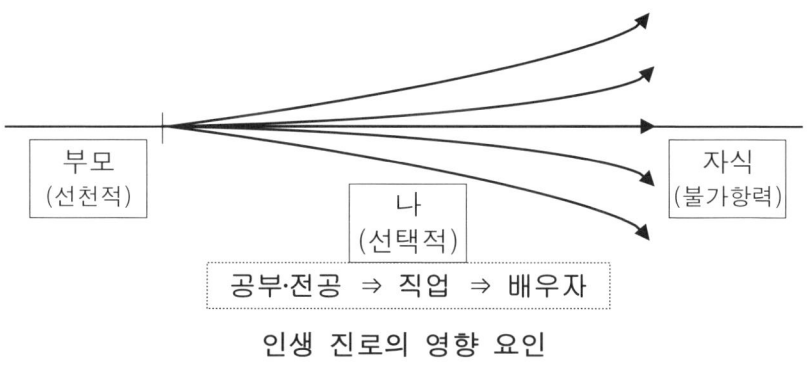

인생 진로의 영향 요인

명리학적으로 전공·직업·배우자 등 후천적 요인도 음양오행과 분명히 연관된다. 100% 전부 후천적·자기 선택적이라고 할 수는 없지만 그래도 내가 선택할 여지가 충분히 있는 이들 요인을 통해 나의 선천 사주에서 부족하거나 넘치는 사항을 보완해 나간다면 같은 사주더라도 그 사주의 타고난 복분(福分) 범위 안에서 최대함을 누릴 수 있다.

그러므로 지금부터라도 사주명리는 확정성(確定性)이 아니라 가능성(可能性)을 염두에 두고서 사주를 분석해야 한다. 이를 달리 말하면 앞으로 사주명리는 백발백중(百發百中)이 아니라 백중일발(百中一發)을 지향해야 바람직하다는 것이다. 하나의 사주를 가지고 백 사람의 어느 경우든지 틀리지 않고 꼭꼭 들어맞히는 속칭 족집게로서의 사주명리가 아니라 그 하나의 사주에 담긴 많은 가능성을 분석하여 그 사람의 잠재 가능성을 긍정적으로 확대할 수 있는 탐색 과정으로서의 사주명리로 인식 전환이 필요하다.

대부분의 명리학인(命理學人)들은 사주 명조를 자동차에 비유하면서 경차, 소형차, 중형차, 대형차 등이 있다고 말한다. 이런 사주 명조의 구분은 차량 금액, 차량 크기를 기준으로 한 것이다. 이런 논리대로라면 경차에 고가의 부가 장치를 추가할 수는 있겠지만 대형차가 되는 것은 영원히 불가능하다. 그럼에도 불구하고 자신은 개명 등으로 개운(開運)할 수 있는 비법이 있다고 광고하는 자가당착에 빠져있다.

명리학적으로 보다 엄밀하게 말한다면 사주는 승용차, 승합차, SUV, 화물차, 버스, 특장차 등으로 구분되고, 다시 그중에서 승용차는 자가용, 영업용 택시 등, 승합차는 일반 승합차, 학원용 승합차 등, 화물차는 일반화물차, 이삿짐 운반차, 택배화물차, 수산물 운반차, 골재 운반차 등, 특장차는 소방차, 구급차, 경찰차, 호송차 등으로 나뉜다고 보는 것이 합리적이며 타당하다.

이렇게 사주명조가 구분된 후, 그 차량의 각 음양오행(陰陽五行)인 승객이나 화물이 그 차량 안에서 얼마나 균형 있게 탑승 또는 적재되어 있는가 여부에 따라 앞으로 그 차량이 얼마나 순탄하게 주행할 것인지, 어느 커브 길에서 조심조심해야 할 것인지, 얼마나 험난하게 주행할 것인지를 미리 가늠할 수 있다. 이런 논리의 바탕은 바로 중화(中和)이다. 사주명리학의 가장 정리(正理) 중의 정리는 중화론(中和論)이다.

인간의 생애 과정인 '부모의 교육환경 ⇒ 전공 ⇒ 직업 ⇒ 배우

> 사주 안의 음양오행은 자동차·여객선·비행기의 승객이나 화물에 비유할 수 있다. 그러므로 사주 명조 안에 음양오행이란 짐을 적정하고 균형 있게 탑승하거나 적재하지 않으면 운(運)에서 조금만 험난한 노선을 만나도 전복되거나 큰 사고로 이어진다.

자(궁합) ⇒ 자식'중에서 사람이 후천적으로 선택할 수 있는 여지가 있는 전공·직업, 배우자 궁합이 부중화(不中和)를 중화에 이르게 하는 가장 효과적인 방법이며 이름은 그 다음이다. 자동차로 말하면 이름은 부가 장치(전후방 센서·카메라, ABS, 내비게이션, 스마트키 등)에 해당한다. 그중에서도 이름은 자동차의 균형 회복을 도와주는 장치에 해당한다. 자동차를 바꾸지는 못하지만 그 기능이나 편의성은 향상시킬 수 있다.

태종을 도와 조선의 기틀을 마련한 하륜(1347~1416)이 아들의 이름을 久(오랠 구)라고 지으면서 이름의 뜻에 담긴 글을 다음과 같이 적어 남겼다.

"나무가 자라기를 오래하면 반드시 산중에 우뚝 솟고, 물이 흐르기를 오래하면 반드시 바다에 다다른다. 사람의 배움도 그러하니 오래하여 그치지 않으면 반드시 공을 이루는 데 이른다. 너의 이름을 구(久)라고 하니 너는 이름을 마음에 새기고 뜻을 생각하여 감히 방자하지 말며 삼갈 것이며 (학문에) 힘쓸지어다."

제6부

해결방안으로서 훈민정음 모자음오행 성명학

일단 한 번 지어지면 수없이 불러지는 이름은 본명인의 일부가 되어서 음양오행의 기운을 담아 그 사람의 특성을 밖으로 드러내는 역할을 한다. 그렇다고 이름이 사람의 운명을 절대적으로 좌우한다고 보기는 어렵다. 또한 현존하는 이름짓는 방법상의 모든 조건을 빠짐없이 충족할 수 있는 좋은 이름이란 결코 존재하지 않는다고 봐도 전혀 틀림이 없다.

그러나 선천적인 사주를 후천적으로 보완하여 음양오행의 중화에 이르게 하는 변수로서 당사자의 직업·전공, 배우자와의 궁합, 풍수지리적 환경 등과 더불어 이름이라는 성명학적 요소를 빼놓을 수는 없다. 『훈민정음해례』 제자해의 내용에서처럼 사람의 소리도 모두 음양과 오행의 이치를 갖고 있기 때문이다.

인간의 성음(聲音)을 포함한 우주만물의 생성과 운행 원리는 태극·음양·오행·삼재로 귀결된다는 역철학적 관점에서 창제된 소리와 문자가 바로 훈민정음이고 오늘날의 한글이다. 그래서 발음을 나타내는 데 있어 가장 우수하다고 평가를 받는다. 따라서 훈민정음의 제자원리와 역학사상을 바탕으로 하여 새로운 음양오행 성명학인 '훈민정음 모자음오행 성명학'을 제안한다.

1. 좋은 이름이란?

한마디로 좋은 이름이란 이름 주인공에게 맞는 좋은 기운을 지닌 이름이다. 이름은 후천적으로 얻는 요소이다. 그러므로 이름 주인공이 선천적으로 갖고 태어난 기운을 보완해서 중화를 이루는 이름이 가장 좋은 이름이다. 그리고 부르기 쉽고 듣기 좋아야 하며, 시대에 맞고 너무 흔하지 않아야 한다.

첫째, 사주와 조화가 되어야 한다.
타고난 사주에서 모자라는 음양오행을 보완해 줘서 사주의 기운과 조화 되는 이름이어야 한다. 우리 문화에서 정초에 삼재(三災)나 횡수(橫數) 등의 액막이를 하거나 소원 성취를 위한 발원문을 적을 때 그 말미에 항상 당사자의 이름과 생년월일을 적는다. 이는 이름과 사주는 곧 그 사람을 상징하는 대표적 징표라는 인식이 매우 근원적인 것이라는 사실을 잘 보여준다.

사주명리에서 길흉성패를 판단하는 핵심은 음양오행의 중화 여부이다. 사람이 태어난 연월일시의 천간과 지지인 사주팔자는 글자 뜻 그대로 4(연월일시)×2(간지)로서 8가지이고, 음양과 오행은 2(음양)×5(오행)로서 10가지이다. 2가지가 차이 나는데 그러므로 기본적으로 2가지는 모자랄 수밖에 없다. 게다가 지지의 토는 4가지나 된다.

어느 음양오행이 모자란다는 것은 곧 다른 음양오행이 넘친다는 뜻이다. 10년마다 바뀌는 대운에서 이러한 점이 보완이 되면 아무런 문제가 없겠지만 그렇지 못한 경우가 훨씬 더 많다. 심지어 사주원국의 음양오행이 더욱 모자라거나 넘치는 방향으로 운이 흐르는 경우도 비일비재하다.

인생이란 음양과 오행이란 재료로써 집을 짓는 건축에 비유할 수도 있고, 음양과 오행이란 승객과 화물을 싣고 나르는 자동차와 선박에 비유할 수도 있다. 선천적으로 부족하거나 태과한 음양오행의 재료를 갖고서 어떻게든 제대로 집을 지어야하고, 안전하게 목적지까지 도착해야 하는 것이 우리네 인생의 현실적 목표이다.

그러기 위해서는 음양오행의 부조화 현상을 먼저 해결해야 되는데, 가장 좋은 방법은 아니지만 차선으로 선택할 수 있는 방법 중의 하나가 바로 이름을 통한 음양오행의 보완이다. 그러므로 아무리 이름에 담긴 뜻이 좋다 하더라도 선천 사주의 음양오행을 보완해 주지 않는 이름은 좋은 이름이라고 할 수 없다.

둘째, 부르기 쉬워야 한다.

이름은 평생 동안 다른 사람들에게 수없이 불리어진다. 그러므로 일단 사람들이 이름을 부르기가 쉬워야 한다. 그래야 친근감을 높여서 인간관계 형성에도 유리하다. 이름을 부르는 데 있어서 딱딱하고 매끄럽지 못하다면 사람들은 그 이름의 주인공에 대해서도 무의식적으로 바로 그러한 인상을 가지는 성향이 강하다.

그래서 발음하기 쉬운 이름일수록 상대방에게 더 긍정적인 인상을 심어주고, 발음이 매끄럽고 유연한 이름일수록 상대방에게 더 호감을 높여줘서 사회적 신분 상승에 더 유리하다는 외국의 연구 결과도 있다. 빌 게이츠와 구글의 래리 페이지도 그 예라고 한다.

발음이 편안하고 쉬우려면 아무래도 '기', '아', '두'처럼 받침[종성]이 없는 글자가 유리하다. 그러므로 이름자 중에서 적어도 하나는 받침이 없는 글자로 선택하는 것이 좋다. '윤민준'처럼 연달아 같은 받침이 겹치는 글자는 신중하게 선택하는 것이 좋다. 소리를 내는 도중에 입술 모양이나 혀의 위치가 달라지는 모음(ㅑ, ㅕ, ㅛ, ㅠ, ㅐ, ㅔ, ㅘ, ㅙ, ㅝ, ㅞ, ㅢ)을 거듭 사용하는 것도 신중해야 한다. '박매배', '신재채', '이의희'처럼 같은 자음과 모음을 연거푸 사용하는 것도 피해야 한다.

글로벌 시대에 맞게 외국인도 발음하기 쉬워야 한다. 실제로 '은(Eun)', '여(Yeo)' 등은 외국인이 제대로 발음하기 어렵다. 따라서 외국에서도 사용하기 쉬운, 외국인도 발음하기 쉬운 글자여야 한다. '반기문' 유엔 사무총장의 이름이 좋은 예이다. 그러나 우리말의 정체성과 어감이 가장 중요하므로 외국어로 발음이 쉬운지 여부가 이름 선정의 절대적 기준이 될 수는 없다.

사회적으로 성공하려면 발음하기 쉬운 이름을 가져야 한다.

발음하기 쉬운 이름을 가진 사람일수록 사회적 신분 상승에 훨씬 더 유리하다는 연구 결과가 나왔다고 2012년 2월 10일 영국의 <데일리 메일(Daily Mail)>이 보도했다.

발음하기 쉬운 이름인 데이브(Dave)와 토니(Tony)라는 영국 총리가 있었고, 뉴트(Newt)와 미트(Mitt)라는 미국 대선 후보들이 있었다는 사실이 이를 잘 증명해 준다.

마이크로소프트의 전설인 빌 게이츠(Bill Gates)와 구글 창업자이자 최고경영자인 래리 페이지(Larry Page)도 좋은 예이다.

심리학자들이 여러 차례에 걸쳐 실험한 결과, 발음하기 쉬운 이름일수록 상대방에게 더 긍정적인 인상을 심어주는 것으로 조사되었다. 실험 참가자들이 파커슨(Farquharson)이나 콜크혼(Colquhon)

보다 스미스(Smith)나 겐트(Gant)라는 이름을 더 선호하는 것으로 조사되었다.

호주 멜버른대학과 미국 뉴욕대학 연구진이 같은 해에 법대를 졸업한 500명을 추적 조사한 결과, 발음하기 더 쉬운 이름을 가진 사람들이 법률 사무소에서 더 빨리 승진을 하는 것으로 밝혀졌다.

이번 연구의 공동 저자인 아담 얼터 박사는 "얼마나 흔한 이름인지 또는 긴 이름인지 상관없이 얼마나 발음이 매끄럽고 이름이 유연한지가 상대방의 호감을 높인다"고 말했다.

사람들은 수많은 결정과 선택의 사고 과정에서 영향을 받음에도 불구하고 미처 깨닫지 못하는 '숨겨진 성향'이 있다고 <실험 사회 심리학> 학술지를 인용해서 얼터 박사는 말했다.

즉 사람들은 자신들의 이름과 비슷한 이름을 가진 사람에게 더 매력을 느끼는 경향이 있다고 하였다. 그리고 사람들은 은연중에 상대방의 이름에서 상대방의 성공과 매력도를 판단한다고 연구 결과는 밝혔다.

셋째, 듣기 좋아야 한다.

사람들이 이름을 부르거나 들었을 때 어감이 밝고 좋으며, 긍정적인 이미지가 연상되는 이름이어야 한다. 즉, 이름에 담긴 뜻이 좋아야 하고 어감상 좋은 의미가 연상되는 이름이어야 한다. 그러므로 이름의 의미나 발음이 나쁘거나 저속한 것이 연상되거나 놀림감이 되는 경우는 피해야 한다. 악명 높은 사람의 이름과 같거나 비슷한 경우도 피해야 한다. 예쁜 한글이름도 어릴 때는 귀엽고 앙증맞지만 어른이 되면 부르거나 듣기 어색한 경우가 많다. 그러므로 이름은 인생의 모든 시기에 어울려야 하며 성장기를 거쳐 학창시절뿐 아니라 직장과 사회생활에서도 적합해야 한다.

2014년 3월 대법원이 펴낸 소식지 '법원사람들' 봄호에 소개된 개명허가 사례 중에도 이런 이름들이 상당수 포함되어 있다. 김치국, 변분돌, 김하녀, 이창년, 권분필, 서세미, 지기미, 서동개, 김대통, 문모세, 소총각, 맹천재, 이보라매, 최보진, 조지나, 이아들나, 경운기, 곽설희, 신간난, 도동연, 구태놈, 양팔련, 오보이, 임신, 정충희, 하쌍연, 이몽치, 나대장, 신기해, 이고우니, 이루미, 방기생, 홍한심, 강호구, 송아지, 유입분 등이다.

부르거나 들었을 때 어감과 의미가 나쁘고 저속하며 놀림감이 되는 이름은 당사자에게 심각한 정신적 스트레스를 주고 정서적 불안감을 조성해서 자신감이 위축되고 자신의 능력을 제대로 발휘하지 못하게 한다.

넷째, 세련되어야 하고, 너무 흔하지 않아야 한다.

지금 시대는 다른 사람과 같아서는 안 되고 자신만의 개성이 중요하다. 그러므로 이름도 자신의 개성을 드러내면서 참신해야 한다. 사회적·문화적으로 거리감이 없고, 미래지향적이며 시대적 감각이 있는 이름이어야 한다. 그러나 개성이 지나쳐서 너무 특이한 이름도 너무 흔한 이름만큼이나 좋지 않다. 너무 흔한 이름은 디지털 시대에 자칫하면 인터넷 미아로 전락할 우려가 크므로 신중하게 지어야 한다.

2014년부터 대한민국 법원에서 운영하는 전자가족관계등록시스템(https://efamily.scourt.go.kr)에서 제공하는 출생신고 이름 순위, 개명신고 이름 순위의 10위 안에 들어가는 이름은 피하는 것도 너무 흔하지 않은 이름을 짓는 요령이 된다.

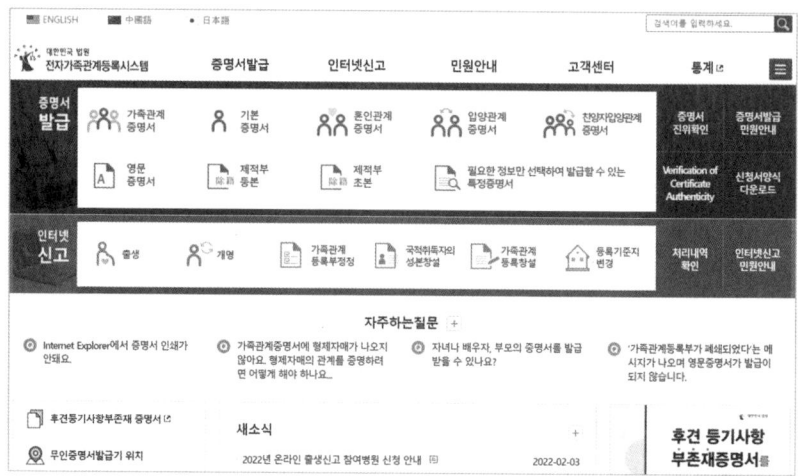

대한민국 법원 전자가족관계등록시스템(efamily.scourt.go.kr)

2. 이름짓기의 선결 요건

좋은 이름을 짓기 위해서는 가장 먼저 이름 주인공이 될 당사자의 사주에 대한 정확한 분석이 우선되어야 한다. 그래서 선천사주에서 필요하고 보완해야 할 오행과 음양을 판단해야 한다. 그러므로 바르고 좋은 이름을 짓기 위해서는 사주명리에 대한 충분한 지식이 먼저 갖춰져야 한다. 사주를 간명하는 순서는 대략 다음과 같다.

① **사주와 대운을 정확하게 작성한다.**
사주는 사람이 출생한 '연월일시'의 천간·지지 네 기둥, 곧 연주·월주·일주·시주를 뜻한다. 대운(大運)은 월주에서 시작하여 살아가면서 각각 10년간씩 담당하는 운을 말한다. 사주 간명의 가장 중요한 첫걸음은 사주와 대운의 정확한 작성이다. 그러므로 상대방이 불러주는 생년월일시를 그대로 적지 말고 반드시 확인한다. 특히 경도상 시차, 서머타임, 야자시 여부를 꼭 확인한다. 사주명리학에서는 제도적인 표준시가 아니라 자연적인 진시(眞時)를 적용한다. 진시와 풍수지리적 태생 환경을 확인하는데 필요하므로 태생지(胎生地)도 확인한다.

> 이제는 만세력 책이 아니라 만세력 프로그램을 이용하여 사주와 대운 등을 뽑는 시대가 되었다. 예전에 비해 만세력 프로그램도 정확성이 많이 향상되었다. 그렇지만 사주와 대운을 뽑는 일 자체는 단순한 기능적 부분에 해당한다. 글쓴이는 아직도 만세력 책으로 일일이 사주와 대운을 적고 있는데 명리 전문가라면 사주와 대운을 세우는 원리를 반드시 이해하고 있어야 한다.

② 일간과 일주의 특성을 파악한다.

일간(日干)의 특성은 궁(宮)과 성(星)을 함께 고려하며, 일주(日柱)의 특성은 지장간(支藏干)을 함께 고려하여 파악한다.

③ 부족하거나 태과한 오행(육신)의 특성을 파악한다.

사주 원국의 가장 주된 특징을 가장 빠르게 파악하는 방법은 부족하거나 없는 오행과 육신(六神), 태과하거나 편중된 오행과 육신을 파악하는 것이다. 여기에 해당하는 오행과 육신은 당사자의 평생 화두이며 운명의 열쇠이다.

④ 비식재관인(比食財官印)의 계통을 파악한다.

비겁(比劫)은 조직능력과 추진능력을 나타내고, 식상(食傷)은 표현능력과 창의능력, 재성(財星)은 현장에서 뛰는 실천능력과 관리능력, 관성(官星)은 맡은 바 책임을 다하는 수행능력과 규범준수능력, 인성(印星)은 계획능력과 설계능력을 나타낸다.

그리고 각 육신이 그룹별로 어떻게 연결되어 있는지를 파악한다. 예를 들어 재성이 있으면 생해 주는 식상이 있는지, 이끌고 지켜주는 관성이 있는지를 파악한다. 이를 정기신(精氣神)이라 한다. 기가 해당 육신이라면 정은 해당 육신의 입력(Input)이 되고, 신은 해당 육신의 출력(Output)이 되어서 통기(通氣)해 주는 역할을 한다.

⑤ 천간합을 비롯, 지지의 계통별 특성과 충과 형을 파악한다.

지지의 계통별 특성에는 생왕고(生旺庫)와 삼합·방국이 있다. 생지[寅巳申亥]는 활동성, 왕지[子午卯酉]는 전문성, 고지[辰戌丑未]는 종교성을 지닌다. 충(沖)은 충돌이며 형(刑)은 형살로서 이동하고 분리한다.

⑥ 일간과 다른 간지의 통근(通根)과 투간(透干) 여부를 파악한다.
일간을 비롯한 천간은 지지에 뿌리를 내려야 제 역할을 할 수 있고, 지지도 천간에 투출하여야 사회적 활동을 효율적으로 할 수 있다. 일간의 통근 여부를 살피는 것은 격국(格局)과 억부(抑扶)를 해석함에 있어 매우 중요하다.

⑦ 사주의 격국과 용신을 파악한다.
격(格)이란 그 사주를 대표하는 가장 힘 있는 육신이다. 격이 천간에 투출하고 지지에서 삼합이나 방국을 이루면 격국(格局)이 되어 사주 그릇이 커진다. 격국은 전공과 진로, 직업과 적성을 파악할 때 가장 중요하게 작용한다.
용신(用神)에는 억부용신과 조후용신, 격국용신이 있다. 억부용신은 개인적·가정적으로 육신의 감당 능력을 담당하고, 조후용신은 개인의 건강과 부부 궁합을 가늠해 주고, 격국용신은 사회 활동의 모습을 보여주는 명함으로 작용한다.

사주명리의 꽃 – 육신(六神)·십성(十星)

육신(六神)은 십성(十星)이라고도 하는데, 사주 주인공인 일간(日干)과 다른 간지(干支)와의 음양의 차이와 오행의 생극 관계를 가려서 부모·형제·배우자·자식과 같은 혈연관계를 비롯하여 사회적 지위·명예, 인간관계, 지식·기술, 의식주·재산, 권리·의무, 수명·건강 등 인간 생활에 필요한 제반 요소들을 해석하는 것으로 사주명리학의 핵심이자 꽃이다.

육신에는 비견·겁재·식신·상관·편재·정재·편관·정관·편인·정인 등 10가지가 있다. 그래서 십성이라고도 부른다. 십성을 그 특성에 따라 각기 둘씩 묶으면 비겁(比劫), 식상(食傷), 재성(財星), 관성(官星), 인성(印星)의 다섯 가지가 된다. 여기에 사주 주인공이자 나 자신인 일간을 포함시켜 육신이라 한다.

'아(일간)-비겁-식상-재성-관성-인성'은 나를 중심으로 해서 차례대로 생하는 관계이며 하나를 건너뛰면 극하는 관계이다. 육신·십성은 일간인 나를 중심으로 보는 것이지만 경우에 따라 다른 간지를 중심으로 볼 수도 있다.

십성 조견표

십성 천간	비견	겁재	식신	상관	편재	정재	편관	정관	편인	정인
甲	甲寅	乙卯	丙巳	丁午	戊辰戌	己丑未	庚申	辛酉	壬亥	癸子
乙	乙卯	甲寅	丁午	丙巳	己丑未	戊辰戌	辛酉	庚申	癸子	壬亥
丙	丙巳	丁午	戊辰戌	己丑未	庚申	辛酉	壬亥	癸子	甲寅	乙卯
丁	丁午	丙巳	己丑未	戊辰戌	辛酉	庚申	癸子	壬亥	乙卯	甲寅
戊	戊辰戌	己丑未	庚申	辛酉	壬亥	癸子	甲寅	乙卯	丙巳	丁午
己	己丑未	戊辰戌	辛酉	庚申	癸子	壬亥	乙卯	甲寅	丁午	丙巳
庚	庚申	辛酉	壬亥	癸子	甲寅	乙卯	丙巳	丁午	戊辰戌	己丑未
辛	辛酉	庚申	癸子	壬亥	乙卯	甲寅	丁午	丙巳	己丑未	戊辰戌
壬	壬亥	癸子	甲寅	乙卯	丙巳	丁午	戊辰戌	己丑未	庚申	辛酉
癸	癸子	壬亥	乙卯	甲寅	丁午	丙巳	己丑未	戊辰戌	辛酉	庚申

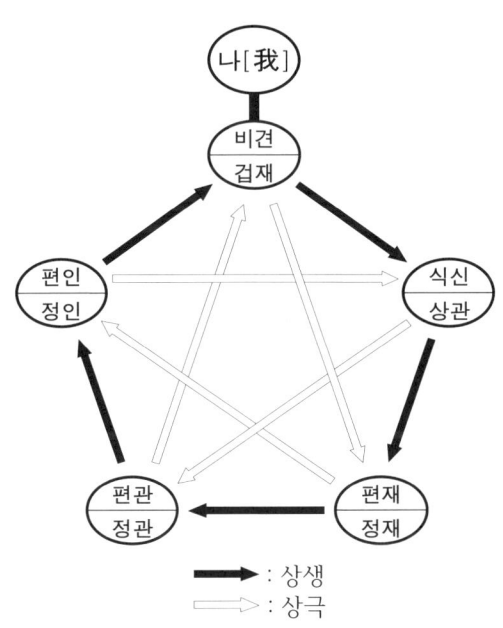

육신(십성)의 관계도

육신(십성)의 표출

육신(六神)	십성(十星)	음양(陰陽)구분	생극(生剋)관계
나[我]	다른 간지(干支)를 중심으로도 육신(십성)을 구분할 수 있다 육신(십성)의 주체가 반드시 일간(日干)이어야 하는 것은 아니다		
비겁(比劫)	비견(比肩)	나[我]와 음양이 같다	나[我]와 같은 오행
	겁재(劫財)	나[我]와 음양이 다르다	
식상(食傷)	식신(食神)	나[我]와 음양이 같다	내[我]가 생하는 오행
	상관(傷官)	나[我]와 음양이 다르다	
재성(財星)	편재(偏財)	나[我]와 음양이 같다	내[我]가 극하는 오행
	정재(正財)	나[我]와 음양이 다르다	
관성(官星)	편관(偏官)	나[我]와 음양이 같다	나[我]를 극하는 오행
	정관(正官)	나[我]와 음양이 다르다	
인성(印星)	편인(偏印)	나[我]와 음양이 같다	나[我]를 생하는 오행
	정인(正印)	나[我]와 음양이 다르다	

육신(십성)의 특성: 10가지 성격 요소

주체성 (추진성)	독립성 Independence	비견	독립·주체·자아·주관·의지·고집·소신·추진·자존·활동적
	경쟁성 Competition	겁재	경쟁·진취·모험·적극·승부근성·쟁취·질투·분리·파재(破財)
표현성 (창조성)	연구성 iNquiry	식신	연구·창조·분석·외곬·전문·순수·예술성·낙천·풍요·생산
	응용성 Adaptability	상관	응용·모방·재치·순발력·감정동화·사교·언변·자만·혁신·호기심·다재다능
통제성 (결단성)	과감성 cOntrolling	편재	통제·야심·모험·과감·횡재·투기·유통·역마(驛馬)·공간지각·사물조작(물질의 본질에 관심)
	치밀성 Exactness	정재	치밀·정확·꼼꼼·계산·내실·안정·저축·근면·성실·사물조작(물질의 외부에 관심)
조직성 (명예성)	권력성 enDurance	편관	극기·강제·개혁·투쟁·봉사·희생·이타·인내·권력·복종·권위
	합리성 Rationality	정관	합리·원칙·정직·공익·명예·안정·준법·도덕·보수(保守)·인격
학문성 (직관성)	신비성 Spirituality	편인	신비·영감·직관·고독·종교·철학·의학·의심·이중성·기회포착·순발력·특수·장인(匠人)
	교육성 Benevolence	정인	자비·자애·인정·모성애·학문·문서·심리·계획·교육·양생(養生)

3. 모자음오행 성명학 소개

'모자음오행 성명학'은 초성(자음)만으로 작명하는 기존 한글 소리성명학에 보태어, 『훈민정음해례』(국보 제70호)에 근거하여 중성(모음)과 종성(자음)까지 고려하는 최초의 완전한 천지인(天地人) 삼원(三元)오행 성명학이다. 그리고 뜻글자인 한자의 자원(字源)오행까지 선천 사주에 맞추어 고려한다.

삼원(三元): 초성(天)-중성(人)-종성(地)

"**초성**은 발동하는[動] 뜻이 있으니 **하늘**[天]의 일이고,
종성은 그치는[靜] 뜻이 있으니 **땅**[地]의 일이고,
중성은 초성의 생겨남을 이어받아 종성의 이룸을
연결해주니[動靜] **사람**[人]의 일이다."
- 『훈민정음해례』 제자해(制字解) -

이름은 가정에서보다는 장차 학교·직장·사회생활 등 사회적인 용도가 훨씬 더 크다고 보면 일간(日干)의 강약(强弱)인 억부(抑扶)나 기후인 조후(調候)보다는 사주(四柱)의 전반적인 기세(氣勢)를 좌우하는 육신(六神)인 격국(格局)과 조화되는 음양오행으로 작명하는 것이 매우 중요하다.

이처럼 선천 사주의 격국과 용신(用神: 격국·억부·조후 등)·형상 등을 분석해서 후천적으로 보완할 음양과 오행을 파악한 후, 이에 해당하는 한글 모음과 자음의 조합으로 이름자를 선정하여 선천 사주의 중화(中和)를 이루거나 수기(秀氣)가 유행하는데 도움이 되도록 하는 것이 음양오행론과 천지인 삼원론을 중심으로 하는 훈민정음 제자 원리와 역학 사상에 근거한 새로운 발음오행 성명학, 즉 모자음(母子音)오행 성명학의 요지이며 완전한 천지인(天地人) 삼원(三元)오행 성명학이 된다.

중성[모음]이 중심이 되어서 초성·종성의 자음과 화합하여 하나의 음절을 완성한다는 천지인 삼원의 합자 의미와 음성학적 관점을 고려해보면 모음이 보다 중시되므로 오행성명학에서는 '모자음(母子音)'으로 지칭하는 것이 이치에 부합된다. 다만 각각의 의미를 설명할 때는 그대로 '자모음(子母音)'으로 지칭한다. 『훈민정음』 제자해의 내용을 바탕으로 한글 자모음의 오행을 정리하면 <표>와 같다.

한글 자모음의 오행

오행	목	화	토	금	수
자음	ㄱㅋ	ㄴㄷㄹㅌ	ㅁㅂㅍ	ㅅㅈㅊ	ㅇㅎ
기본 모음	ㅏㅓ	ㅜㅛ	ㅡㅣ	ㅕㅑ	ㅗㅠ
추가 모음	ㅐㅔ	ㅟ	ㅢ	ㅖㅒ	ㅚ
기타			ㅘ ㅙ(수목) ㅝ ㅞ(화금)		

한글 모음에 의한 음양과 한글 모음과 자음에 의한 오행이 작명의 핵심요건이다. 현행 발음오행 작명법에서는 초성(자음)의 오행만 적용하고 있는데, 한글 모음도 음양오행의 구별이 있으므로 중성(모음)과 종성(자음)을 포함한 모자음(母子音) 모두의 음양오행을 전부 적용하는 것이 음양오행 작명법의 이치에 보다 합당하며 완전한 삼원(三元)오행 성명학이 된다.

음양의 요건은 '일음일양의 배합(一陰一陽之配合)'으로 조화되는 것이 가장 중요하므로 음과 양이 고루 있는 것이 가장 좋다. 따라서 음기가 보다 강한 사주라면 이름자에서 양기를 더 보강하고, 양기가 보다 강한 사주라면 이름자에서 음기를 더 보강하는 것이 바람직하다.

전부 음기로만 구성되어 있거나 양기로만 구성되어 있는 사주인 경우에는 그 반대의 기운으로 이름자를 구성하여 균형을 이뤄주는 것이 좋다. 현행 작명법에서는 한자 획수의 홀짝수 여부로 음양을 가리고 있으나 훈민정음 제자 원리와 역학 사상에 근거한 모자음오행 성명학에서는 한글 모음으로 음양을 보완한다.

예를 들어 사주가 양에 해당하는 간지(甲丙戊庚壬寅巳辰戌申亥)로 다수 구성되어 있다면 음기운을 보완할 필요가 있으므로 이름자의 모음에 ㅓ, ㅕ, ㅜ, ㅠ, ㅡ, ㅖ, ㅔ, ㅓ, ㅔ, ㅟ, ㅢ가 더 들어가는 것이 바람직하다. 반대로 사주가 음에 해당하는 간지(乙, 丁, 己, 辛, 癸, 卯, 午, 丑, 未, 酉, 子)로 다수 구성되었다면 양기운을 보완할 필요가 있으므로 이름자의 모음에 ㅏ, ㅑ, ㅗ, ㅛ, ㅐ, ㅒ, ㅘ, ㅙ, ㅚ 가 더 들어가는 것이 바람직하다.

자음도 음양으로 구분할 수 있는데 기본 자음자 ㄱㄴㄷㅁㅅㅇ은 음으로, 가획자는 양으로 볼 수 있다. 가획자 중에서도 ㅋㅌㅍㅊㅎ은 양이 더 강하다. 그러므로 기본 자음과 가획 자음의 차별 사용으로도 음양을 조절할 수 있다.

　오행의 요건은 선천 사주의 격국과 용신 등에 필요한 오행과 이와 상생되는 오행에 해당하는 모음과 자음의 조합으로 이름자를 구성하는 것이 가장 좋다. 예를 들어 선천 사주상 木이 필요한데 상생이 되는 水도 필요하다면 '가, 개, 계, 고, 규, 기, 각, 격, 곡, 강, 경, 공, 광, 굉, 아, 애, 여, 예, 하, 해, 혜, 화, 옥, 익, 앙, 항, 행, 학, 혁' 등을 위주로 이름자를 조합해서 선정하면 된다.

　글자 안에서 오행의 비율은 첫소리(초성)가 30%, 모음인 가운뎃소리(중성)는 40%, 끝소리(종성)는 30%를 차지한다. '광'이나 '권'처럼 중모음인 경우에는 각 모음이 20% 비율이 된다. 따라서 '광'은 ㄱ(木30) ㅗ(水20) ㅏ(木20) ㅇ(水30)이므로 木50 水50이 되고, '권'은 ㄱ(木30) ㅜ(火20) ㅓ(金20) ㄴ(火30)이므로 木30 火50 金20이 된다.

　'고'나 '규'처럼 받침이 없는 자는 40(자음) 60(모음)이 된다. '과'처럼 중모음인 경우에는 각 모음이 30% 비율이 된다. 따라서 '과'는 ㄱ(木40) ㅗ(水30) ㅏ(木30)이므로 木70 水30이 된다.

　그러므로 '가, 개, 계, 각, 격'은 木100이고, '공, 옥, 화'는 木30 水70, '고, 규, 앙, 항, 행'은 木40 水60, '곡, 아, 애, 여, 예, 하, 해, 혜'는 木60 水40, '강, 경, 학, 혁'은 木70 水30의 비율이 된다. 모음 'ㅡㅣ'는 토행(土行)이므로 '극'은 木60 土40, '기'는 木40 土60, '익, 긍'은 木30 水30 土40의 비율이 된다.

　'ㅣ'는 해례본상으로는 무행이지만 실제로는 토행의 특성도 내재하고 있어서 토행으로 배속해도 무리가 없으므로 모자음오행 성명학에서는 토행으로 배속하였다. 다른 오행은 기본 모음이 2개씩인데 토행만 'ㅡ' 하나뿐인 불균형도 해소할 수 있다. 국어음운학자 이정호[6]와 유승국[7]도 'ㅣ'를 토행으로 보고 있다.

모자음오행의 적용 예시

허균	ㅎ(水40) ㅓ(金60) ㄱ(木30) ㅠ(水40) ㄴ(火30) ☞ 水80 金60 木30 火30 土는 없고 水金이 보다 강한 이름이다.
홍길동	ㅎ(水30) ㅗ(水40) ㅇ(水30) ㄱ(木30) ㅣ(土40) ㄹ(火30) ㄷ(火30) ㅗ(水40) ㅇ(水30) ☞ 木30 火60 土40 水170 金이 없고 水가 매우 강한 이름이다.
이병철	ㅇ(水40) ㅣ(土60) ㅂ(土30) ㅕ(木40) ㅇ(水30) ㅊ(金30) ㅓ(金40) ㄹ(火30) ☞ 木40 火30 土90 金70 水70 오행이 두루 유행하며 土金水가 보다 강한 이름이다.
반기문	ㅂ(土30) ㅏ(木40) ㄴ(火30) ㄱ(木40) ㅣ(土60) ㅁ(土30) ㅜ(火40) ㄴ(火30) ☞ 木80 火100 土120 金水가 없고 木火土가 두루 강한 이름이다.
조용필	ㅈ(金40) ㅗ(水60) ㅇ(水30) ㅛ(火40) ㅇ(水30) ㅍ(土30) ㅣ(土40) ㄹ(火30)

---

6) 이정호, 『훈민정음의 구조원리: 그 역학적 연구』, 아세아문화사, 1975, 81쪽.
7) 유승국, 『한국의 유교』, 세종대왕기념사업회, 1980, 194쪽.

	☞ 火70 土70 金40 水120 木이 없고 水가 강한 이름이다.
정주영	ㅈ(金30) ㅓ(金40) ㅇ(水30) ㅈ(金40) ㅜ(火60) ㅇ(水30) ㅕ(木40) ㅇ(水30) ☞ 金110 水90 火60 木40 土는 없고 金水가 보다 강한 이름이다.
김연아	ㄱ(木30) ㅣ(土40) ㅁ(土30) ㅇ(水30) ㅕ(木40) ㄴ(火30) ㅇ(水40) ㅏ(木60) ☞ 木130 水70 土70 火30 金이 없고 木이 강한 이름이다.

발음오행을 선택할 때 水木火, 木火土, 金土火, 水金土, 木水金 등처럼 상생하는 배열을 우선으로 하며 상생 관계가 전혀 없는 이름자는 차선으로 한다. 예를 들어 木木木, 火火火, 土土土 등처럼 이름자 모두가 상비(相比) 관계로서 같은 오행이거나 木土水, 水土木, 火金木, 木金火, 土水火 등처럼 이름자 모두가 상극 관계로만 구성된 이름은 일단 차선으로 고려한다.

물론 첫소리 간의 오행이 상극일 때는 끝소리 또는 모음(받침이 없는 글자일 경우)이 상생의 연결고리 역할을 해 주는 것이 좋다. 하지만 반드시 그러해야 하는 것은 아니다. 왜냐하면 이름자가 상비나 상극 관계로 구성되었다고 해서 무조건 나쁜 이름이라고 할 수는 없기 때문이다. 무엇보다 가장 중요한 것은 선천 사주의 음양오행 기운과의 조화 여부인 것이다.

초성자음의 발음오행으로 작명하는 경우, 'ㅇ, ㅎ'을 제외한 종성 뒤에 초성 'ㅇ-, ㅎ-'이 올 때는 뒤의 초성 'ㅇ, ㅎ' 대신 그 앞의 종성으로 소리 내는 경우가 있다. 이런 경우 초성발음오행 작명법과 자음십성 작명법은 앞 이름자의 종성은 발음되지 않고, 뒷 이름자의 초성은 오행이 바뀌는 중대한 문제가 있다고 '2.4. 한글 발음오행'의 네 번째 문제점에서 밝혔다.

뒷 이름자의 초성이 바뀌는 예

국	희		구	킈
ㄱㅜㄱ	ㅎ(水)ㅡㅣ	⇒	ㄱㅜ	ㅋ(木)ㅡㅣ
득	인		드	긴
ㄷㅡㄱ	ㅇ(水)ㅣㄴ	⇒	ㄷㅡ	ㄱ(木)ㅣㄴ
민	훈		미	눈
ㅁㅣㄴ	ㅎ(水)ㅜㄴ	⇒	ㅁㅣ	ㄴ(火)ㅜㄴ
범	호		버	모
ㅂㅓㅁ	ㅎ(水)ㅗ	⇒	ㅂㅓ	ㅁ(土)ㅗ
석	호		서	코
ㅅㅓㄱ	ㅎ(水)ㅗ	⇒	ㅅㅓ	ㅋ(木)ㅗ
솔	아		소	라
ㅅㅗㄹ	ㅇ(水)ㅏ	⇒	ㅅㅗ	ㄹ(火)ㅏ
인	애		이	내
ㅇㅣㄴ	ㅇ(水)ㅐ	⇒	ㅇㅣ	ㄴ(火)ㅐ
준	우		주	누
ㅈㅜㄴ	ㅇ(水)ㅜ	⇒	ㅈㅜ	ㄴ(火)ㅜ

그러나 중성모음을 중심으로 초성자음과 종성자음을 모두 고려하여 작명하는 모자음오행 성명학의 경우는 이런 모순이 생기지

않는다. 예를 들어 '민훈'의 경우 각 오행 비율이 '火100 ±70 水30'이며, '미눈'은 '火100 ±100'이고, 각 오행의 두 값을 평균하면 '火100 ±85 水15'이다. 그러므로 표기하는 '민훈'과 소리내는 '미눈'의 각 오행값이 최소 차이로 근접한다.

아래 <표>에서 보듯이 이런 경우에 해당하는 다른 이름들도 마찬가지이다. 그래서 이름을 실제 소리 낼 때 앞 이름자의 종성이 발음되지 않고 뒷 이름자의 초성 오행이 바뀌는 경우, 현행 초성발음오행 작명법과 자음십성 작명법(파동성명학)의 문제점을 말끔하게 해결할 수 있다. 이 또한 모자음오행 성명학만의 장점이다.

뒷 이름자의 초성이 바뀌는 경우의 오행 분석 예

국희 木60 火40 ±60 水40	구킥 木80 火60 ±60	木70 火50 ±60 水20
득인 木30 火60 ±80 水30	드긴 木30 火70 ±100	木30 火65 ±90 水15
민훈 火100 ±70 水30	미눈 火100 ±100	火100 ±85 水15
범호 ±60 金40 水100	버모 ±80 金60 水60	±70 金50 水80
석호 木30 金70 水100	서코 木40 金100 水60	木35 金85 水80
솔아 木60 火30 金30 水80	소라 木60 火40 金40 水60	木60 火35 金35 水70
인애 木60 火30 ±40 水70	이내 木60 火40 ±60 水40	木60 火35 ±50 水55
준우 火130 金30 水40	주누 火160 金40	火145 金35 水20

한글 모자음오행 적용 예시

木(ㄱㅋ)

가	각	간	갈	감	갑	강	개	거	건	걸	검	격	견	결
목	목목	목화	목화	목토	목토	목수	목토	금	금화	금화	금토	목목	목화	목화
겸	경	계	고	곡	곤	공	과	곽	관	광	굉	교	구	국
목토	목수	목토	수	수목	수화	수수	수목	수목목	수목화	수목수	수목수토수	화	화	화목
군	궁	권	귀	규	균	극	근	금	긍	기	긴	길	김	쾌
화화	화수	화금화	화토	수	수화	토목	토화	토토	토수	토	토화	토화	토토	수목토

火(ㄴㄷㄹㅌ)

나	낙	난	남	낭	내	녀	년	념	녕	노	농	능	니	닉
목	목목	목화	목토	목수	목토	목	목화	목토	목수	수	수수	토수	토	토목
다	단	담	당	대	덕	도	독	돈	동	두	둔	둘	득	등
목	목화	목토	목수	목토	금목	수	수목	수화	수수	화	화화	화화	토목	토수
라	락	란	람	랑	래	랭	량	려	력	련	렬	렴	렵	령
목	목목	목화	목토	목수	목토	목토수	금수	목	목목	목화	목토	목토	목수
례	로	록	론	롱	료	룡	루	류	륙	륜	률	릉	륵	름
목토	수	수목	수화	수수	화	화수	화	수	수목	수화	수화	수수	토목	토토
릉	리	린	림	립	타	탁	탄	태	택	토	통	퇴	투	특
토수	토	토화	토토	토토	목	목목	목화	목토	목토목	수	수수	수토	화	토목

土(ㅁㅂㅍ)

마	막	만	말	망	매	맥	맹	멱	면	명	모	목	몽	묘
목	목목	목화	목화	목수	목토	목토목	목토수	목수	목화	목수	수	수목	수수	화
무	묵	문	물	미	민	밀	바	박	반	발	방	배	백	번
화	화목	화화	화화	토	토화	토화	목	목목	목화	목화	목수	목토	목토목	금화
벌	범	법	벽	변	별	병	보	복	본	봉	부	북	분	붕
금화	금토	금토	목목	목화	목화	목수	수	수목	수화	수수	화	화목	화화	화수
비	빈	빙	파	판	팔	팽	편	평	포	표	품	풍	피	필
토	토화	토수	목	목화	목화	목토수	목화	목수	수	화	화토	화수	토	토화

金(ㅅㅈㅊ)

사	삭	산	살	삼	상	새	색	생	서	석	선	설	섬	섭
목	목목	목화	목화	목토	목수	목토	목토목	목토수	금	금목	금화	금화	금토	금토
성	세	소	속	손	술	송	수	숙	순	술	승	슬	습	승
금수	금토	수	수목	수화	수화	수화	수수	화	화목	화화	화화	토수	토화	토토	토수
시	식	신	실	심	십	쌍	자	작	잔	잠	장	재	저	적
토	토목	토화	토화	토토	토토	목수	목	목목	목화	목토	목수	목토	금	금목
전	절	접	정	제	조	족	존	종	좌	주	죽	준	증	지
금화	금화	금토	금수	금토	수	수목	수화	수수	수목	화	화목	화화	토수	토
직	진	질	짐	집	징	차	찬	창	채	천	철	첨	첩	청
토목	토화	토화	토토	토토	토수	목	목화	목수	목토	금화	금화	금토	금토	금수
체	초	촌	최	추	축	춘	출	충	치	칙	친	칠	침	칭
금토	수	수화	수토	화	화목	화화	화화	화수	토	토목	토화	토화	토토	토수

水(ㅇㅎ)

아	악	안	알	암	압	앙	애	앵	야	약	양	어	억	언
목	목목	목화	목화	목토	목토	목수	목토	목토수	금	금목	금수	금	금목	금화
얼	엄	업	여	역	연	열	염	엽	영	예	오	옥	온	올
금화	금토	금토	목	목목	목화	목화	목토	목토	목수	목토	수	수목	수화	수화
옹	와	완	왈	왕	외	요	용	우	욱	운	울	웅	원	월
수수	수목	수목화	수목화	수목수	수토	화	화수	화	화목	화화	화수	화금화	화금화
위	유	육	윤	율	융	은	을	음	읍	응	의	이	익	인
화토	수	수목	수화	수화	수수	토화	토화	토토	토토	토수	토토	토	토목	토화
일	임	입	잉	하	학	한	함	합	항	해	행	향	허	헐
토화	토토	토토	토수	목	목목	목화	목토	목토	목수	목토	목토수	금수	금	금화
헌	혁	현	협	형	혜	호	혼	홍	화	확	환	활	황	회
금화	목목	목목	목토	목수	목토	수	수화	수수	수목	수목목	수목화	수목화	수목수	수토
획	횡	효	후	훈	훤	휘	휴	휼	흔	흘	흠	흡	홍	희
수토목	수토수	화	화	화화	화금화	화토	수	수화	토화	토화	토토	토토	토수	토토

4. 모자음오행 성명학의 실증사례 분석

① 삼성그룹 창업주 이병철(李秉喆)

일본식 81수리 작명법의 '李秉喆' 이름의 길흉 판단

> 李(성 이, 7획)　秉(잡을 병, 8획)　喆(밝을 철, 12획)
> 원: 秉(8)+喆(12)=20수 ⇒ 공허격(空虛格) 허망운(虛妄運) ×
> 형: 李(7)+秉(8)=15수 ⇒ 통솔격(統率格) 복수운(福壽運) ○
> 이: 李(7)+喆(12)=19수 ⇒ 성패격(成敗格) 병악운(病惡運) ×
> 정: 李(7)+秉(8)+喆(12)=27수 ⇒ 중절격(中折格) 중단운(中斷運) ×
> ☞ 청년운을 의미하는 형격을 제외하고 모두 흉 또는 대흉한 이름이다. 그러나 실제 삶은 전혀 그렇지 않아 대사업가로 성공하였다.

생년월일시 사주와 태어난 곳(태생지)이 분명하게 알려진 삼성그룹 창업자 이병철의 이름을 모자음오행 성명학으로 구체적으로 분석해보면 다음과 같다.

이병철: ㅇ(水40)　ㅣ(土60)
　　　　　ㅂ(土30)　ㅕ(木40)　ㅇ(水30)
　　　　　ㅊ(金30)　ㅓ(金40)　ㄹ(火30)

☞ 木40　火30　土90　金70　水70, 오행이 두루 유행하며 土金水가 보다 강한 이름이다.

1910.02.12(음력 01.03) 子시, 경남 의령 출생

	시	일	월	연	
	壬	戊	戊	庚	천간
	편재	일간	비견	식신	
	子	申	寅	戌	지지
	정재	식신	편관	일간	

78 68 58 48 38 28 18 8
丙 乙 甲 癸 壬 辛 庚 己
戌 酉 申 未 午 巳 辰 卯

① 일간: 戊土
② 일지: 申金(식신)
③ 월지(월령): 寅木(戊土당령)
④ 寅申충(월일) ⇒ 창조・창업・생산・제조활동
⑤ 寅戌합(연월) ⇒ 火(인성), 午火공협
⑥ 申子합(일시) ⇒ 水(재성), 壬水(편재)투간
⑦ 寅卯(木관성)공망 ⇒ ④⑤의 충합(衝合)으로 해소
⑧ 戊土일간이 寅戌에 통근(通根)은 했으나 조금 신약(身弱)하다.
⑨ 입춘 초라 아직 기후가 차가우므로 조후(調候)가 필요(火+ 未 戌土)
⑩ 金水식신생재(食神生財)격(格)에 ⑥이 더해져 격국(格局)으로 사주그릇이 더욱 커졌다.
⑪ 운이 봄여름가을(木火金)로 시의적절하게 흐른다.

이름은 가정에서보다는 학교·직장·사회생활 등 사회적인 용도가 더 크다고 보면 일간(日干)의 강약(强弱)인 억부(抑扶)보다는 사주(四柱)의 전반적인 기세(氣勢)를 좌우하는 육신(六神)인 격국(格局)과 조화되는 음양오행으로 작명하는 것이 매우 중요하다는 사실을 잘 보여주는 예이다. 그러나 격국이 불분명한 사주의 경우는 억부를 위주로 사주를 보완하는 것이 좋다.

신약(身弱)한 戊土일간이 金水 식신생재(食神生財) 격국(格局)의 형태를 가지는데, 모자음오행 성명학으로 보면 '이병철'은 이를 보완하는 土金水가 보다 강한 이름으로서, 창업(創業)하는 대사업가의 선천 사주의 격국과 잘 순응하고 조화되는 이름이다. 그리고 억부용신이자 조후용신인 火도 '철'의 종성 'ㄹ'에, 火를 생해주는 木도 '병'의 중성모음 'ㅕ'에 있으므로 매우 적절하다.

이름 한자 秉(잡을 병)은 禾(벼 화)부수로 '(손으로) 벼를 한줌 가득 쥐다'의 뜻이 전하여 '잡다'는 뜻을 가지며, 가운데에 木자 형상도 갖고 있으므로 한자의 자원오행상 木에 해당한다. 喆(밝을 철)은 口(입 구)부수로 哲(밝을 철)의 속자이며8) 자의(字意)로 볼 때 한자의 자원오행은 火에 해당한다. 억부용신이자 조후용신인 火와 이를 생해주는 木이 이름 한자의 자원오행에 모두 있으므로 사주원국을 보완해주는 적합한 한자 이름이다.

총괄하면 한글의 초성자음뿐 아니라 중성모음과 종성자음의 음양오행까지 모두 고려하여 이름 주인공인 본명인의 사주에서 격국·억부·조후상 필요한 음양오행인 용신을 보완하도록 작명하

---

8) 喆哲은 '밝다'는 글자 뜻으로는 자원오행이 火이다. 그러나 口(입 구)부수로 자원오행을 대개 水로 보는데 口(입 구)부수는 자원오행을 土로 배속하는 게 타당하다. 한글자음의 입술소리(ㅁㅂㅍ)를 土에 배속한『훈민정음해례』제자해(制字解) 이치도 그러하다. 자원오행에 논란이 있는 한자이다.

는 삼원(三元) 체계와 방법이 바로 모자음오행 성명학이다. 더불어 한자문화권의 특성상 자원오행성이 분명한 한자와 모호한 한자를 구분하여 한자 자원오행을 한글 모자음오행과 함께 작명에 적용하는 것도 합리적이며 유용하다.

② 제5-9대 대통령 박정희(朴正熙)

일본식 81수리 작명법의 '朴正熙' 이름의 길흉 판단

> 朴(성 박, 6획)　正(바를 정, 5획)　熙(빛날 희, 13,14획)[9]
> 원: 正(5)+熙(13/14)=**18/19수** ⇒ 18발전격·융창운○/19성패격·
> 　　병악운✕
> 형: 朴(6)+正(5)=**11수** ⇒ 갱신격(更新格) 재흥운(再興運) ○
> 이: 朴(6)+熙(13/14)=**19/20수** ⇒ 19성패격·병악운✕/20공허격·
> 　　허망운✕
> 정: 朴(6)+正(5)+熙(13/14)=**24/25수** ⇒ 24출세격·축재운○
> 　　/25건창격·재록운○
> ☞ 소년운(원)은 길흉 판단이 엇갈리고, 청년운(형)과 노년운
> (정)은 매우 길하고, 중년운(이)은 흉한 이름이다. 그러나 실
> 제 삶은 중년운이 매우 좋았고, 노년운이 매우 좋지 않았다.

생년월일시 사주와 태어난 곳(태생지)이 분명하게 알려진 대한민국 제5-9대 대통령 박정희의 이름을 모자음오행 성명학으로 구체적으로 분석해보면 다음과 같다.

박정희: ㅂ(土30) ㅏ(木40) ㄱ(木30)
　　　　　ㅈ(金30) ㅓ(金40) ㅇ(水30)
　　　　　ㅎ(水40) ㅡ(土30) ㅣ(土30)

☞ 木70 火0 土90 金70 水70, 木土金水는 비슷하게 균형을 이루고 있으나 火는 전혀 없는 이름이다.

---

[9] 熙자는 13획 또는 14획으로 보는 견해로 나뉘어 있다.

1917.11.14(음력 09.30) 寅시, 경북 구미 출생

시	일	월	연	
戊	庚	辛	丁	천간
편인	일간	겁재	정관	
寅	申	亥	巳	지지
편재	비견	식신	편관	

62 52 42 32 22 12 2
甲 乙 丙 丁 戊 己 庚
辰 巳 午 未 申 酉 戌

① 일간: 庚金
② 일지: 申金(비견) ⇒ 주체성향이 매우 강하다.
③ 월지(월령): 亥水(戊土당령)
④ 巳亥충(연월)·寅申충(일시) ⇒ 창조·창업·생산·제조활동, 지나치면 처재(妻材)·권위가 손상
⑤ 寅巳申형(연일시) ⇒ 형벌권을 소유, 지나치면 자신이 불의의 손상
⑥ 지지에 寅申巳亥의 생지(生支)를 모두 두어 현실에 안주하지 않고 미래를 위해 준비하면서 활발하게 움직이고 개척한다.
⑦ 합리적 권위를 의미하는 丁火 정관(正官)이 巳亥충·寅申충으로 그 뿌리[通根]가 되는 巳와 寅이 손상입어 허약하다.
⑧ 庚金일간이 申金에 통근(通根)하고 좌우에 戊와 겁재 辛이 있다 ⇒ 조력(助力)과 분쟁(紛爭) 공존
⑨ 운이 가을여름(金火)으로 흐른다.

사주원국의 상황을 종합해볼 때 운이 가을(金)인 31세까지는 노력에 비해 성과가 적고, 사주원국의 허약한 火를 보완해주는 여름[火]인 32-61세가 인생의 최대 전성기이다. 대운(계절)이 전환되는 교체기(환절기)에 해당하는 62甲辰대운 63세 1979년 己未년에 불의의 사고를 당하였다.

환절기	여름[火] 전성기			가을[金]		
62 甲辰	52 乙巳	42 丙午	32 丁未	22 戊申	12 己酉	2 庚戌

'박정희' 이름을 모자음오행 성명학으로 분석해본 바, 木土金水는 비슷하게 균형을 이루고 있으나 火가 전혀 없는 이름이란 점과 삶의 궤적이 무관하지 않음을 잘 알 수 있다. 만약 모자음오행 성명학으로 '박정희'란 이름에 火가 있어 사주를 보완하였더라면 대한민국의 역사가 달라졌을지도 모른다.10)

---

10) 이름 한자 正(바를 정)은 止(그칠 지)부수이다. 止는 사람의 발을 본 뜬 글자로, '발걸음을 멈추고 그 자리에 서다'와 '발을 움직여 나아가다'는 두 가지 뜻이 있으나 사전적으로는 주로 '그치다'라는 뜻으로 쓰인다. 정자의 자원오행을 사람의 발과 관련지어 대개 土에 배속하고 있으나 '바르다, 옳다'는 뜻으로 보면 金으로 봐야 한다. 따라서 그 자원오행이 분명하지 않다. 그러나 熙(빛날 희)는 灬(불 화)부수로 한자 자원오행은 火이므로 사주원국을 보완하는 적합한 한자이다.

③ 조선의 개혁사상가 허균(許筠)

일본식 81수리 작명법의 '許筠' 이름의 길흉 판단

許(성 허, 11획) 筠(대나무 균, 13획)
원: 筠(13)=13수 ⇒ 총명격(聰明格) 지달운(智達運) ○
형: 許(11)+筠(13)=**24**수 ⇒ 출세격(出世格) 축재운(蓄財運) ○
이: 許(11)=**11**수 ⇒ 갱신격(更新格) 재흥운(再興運) ○
정: 許(11)+筠(13)=**24**수 ⇒ 출세격(出世格) 축재운(蓄財運) ○
☞ 총명하여 일생동안 매사 성취하며 출세하고 재물까지 모으는 아주 좋은 이름이다. 그러나 실제 삶은 일찍 처자식이 사망하였고, 탁월한 재주로 인해 오히려 일생동안 관직에 부침(浮沈)이 많았으며, 말년에는 역모로 처형을 당하였다.

신분 제도가 엄격한 성리학 중심 사회에서 서얼 차별이라는 사회 문제를 적극적으로 언급하고 있는, 최초의 한글소설인 『홍길동전』의 저자로서 '조선이 버린 천재', '조선의 개혁사상가'라 불리는 허균의 이름을 모자음오행 성명학으로 구체적으로 분석해보면 다음과 같다.

허균: ㅎ(水40) ㅓ(金60)
　　　ㄱ(木30) ㅠ(水40) ㄴ(火30)
☞ 木30 火30 土0 金60 水80, 土는 전혀 없고 木火보다는 金水가 더욱 강한 이름이다.

1569.12.20(음력 11.03) 卯시, 서울 한성 출생

시	일	월	연	
癸	**壬**	**丙**	**己**	천간
겁재	일간	편재	정관	
卯	**申**	**子**	**巳**	지지
상관	편인	양인	편재	

54 44 34 24 14 4
庚 辛 壬 癸 甲 乙
午 未 申 酉 戌 亥

① 일간: 壬水
② 일지: 申金
③ 월지(월령): 子水
④ 申子합(일지+월지)
⑤ 水 비겁(比劫) 태과
⑥ 겁재(劫財) 양인격(陽刃格)
⑦ 丙火 편재(偏財) 통근(通根)
⑧ 천을귀인(天乙貴人) 巳卯(연지·시지)
⑨ 대운(大運)이 水金으로 흐른다 ⇒ 일간과 겁재 양인의 기세가 더욱 왕성해진다.

 허균(1569-1618)은 자신의 문집 『성소부부고(惺所覆瓿稿)』의 <해명문(解命文, 운명을 풀이하는 글)>에서 자신은 "기사(己巳)년 병자(丙子)월 임신(壬申)일 계묘(癸卯)시에 태어났다."고 하며, 주위로부터 참소와 시기를 당하여 시대에 현달하지 못하고 억눌려

살아온 자신의 운명을 자신의 사주를 통해 직접 풀이하였다.11)

壬水가 양인(子水)·겁재(癸水)이 왕성하고 장생지(長生支)인 신금(申金)이 밑에서 바로 합하는 데다가 대운마저 水金운으로 흘러서 일간과 겁재 양인(水)의 기세가 더욱 왕성해진 사주이다. 木火土는 상대적으로 허약한 사주이다.

모자음오행 분석 결과, '허균' 이름이 土는 전혀 없고 木火보다는 金水가 더욱 강하여 사주를 보완해주지 못했다는 사실과 성패(成敗) 변화가 매우 다단했던 허균의 삶이 전혀 무관하다고 말할 수는 없을 것이다.

허균은 24살 1592년(선조 25) 임진왜란 발발로 피난 중에 부인 김씨와 장남이 사망하였다. 26살 정시 문과 을과에 합격하였다. 29살 문과 중시(重試)에 장원을 하고 정6품 예조좌랑에 오르고, 중국에 다녀와 병조좌랑으로 승진했다. 그러나 31살 황해도사(종5품)가 되었으나 서울 기생을 데리고 부임하여 사헌부의 탄핵을 받아 파직 당했고 그 후 여러 사유들로 파직과 복직을 계속 반복하였다.

1617년(광해군 9)초부터 야기된 인목대비 폐비 논의에 논란거리를 제공하였다가 이듬해 50살 1618년 8월 24일 신미(辛未)대운 무오(戊午)년 임술(壬戌)월 경진(庚辰)일에 역모로 처형을 당하였다. 당쟁의 소용돌이에 휘말리며 희생자로 비참한 최후를 맞았던 것이다.

허균은 자신의 희망이 현실 정치에서는 결코 실현될 수 없음을 알고 차라리 통쾌하게 활약하는 호걸 홍길동을 통해 많은 사람들의 울분을 풀어 주었다. 최초의 한글소설인『홍길동전』은 바로 허균의 개혁사상의 연장선상에 있는 작품인 것이다.12) 허균은 비록

---

11) 許筠,『惺所覆瓿稿』卷12「文部」9 <解命文>.

역적이라는 이름으로 역사의 무대에서 사라졌지만 『홍길동전』을 통해 평등한 민본(民本)사회 건설이라는 꿈을 이루려고 하였다.13)

---

12) 『홍길동전』의 작가가 허균이란 사실은 택당 이식(李植, 1584-1647)의 문집인 『택당별집(澤堂別集)』의 "筠又作洪吉童傳, 以擬水滸"란 기록에서 비롯되었다. 이 기록은 그 후에도 『조야집요(朝野輯要)』, 『문견차기(聞見箚記)』에 전재(轉載)될 정도로 높은 신뢰성을 보여준다. 그럼에도 불구하고 현전 『홍길동전』에는 장길산 등의 소재가 있다는 이유로 허균의 창작물이 아니거나, 개작이 크게 이루어진 것이라는 주장이 있다. 그러나 현전 『홍길동전』의 장길산은 숙종 때의 의적이 아닌 중국 도가(道家) 계열의 인물일 뿐만 아니라, 허균 집안과 적대 관계에 있었던 포도대장 이흡(李洽)이 부정적 인물로 등장하고 있는 점으로 보아 현전 『홍길동전』은 허균의 창작물이 틀림없다. 설성경, 『홍길동전의 비밀』(서울: 서울대학교출판부, 2004), pp.191-237 참고.
13) 이름 한자 筠(대나무 균)은 竹(대 죽)부수로 한자 자원오행은 木이다. 소리를 나타내는 均(고를 균)은 土(흙 토)부수로 땅을 평평(平平)하게 고르다, 땅이 고르다는 뜻이므로 사주원국을 보완하는 적합한 한자 이름이다.

④ 북학파 대표 진보지식인 박지원(朴趾源)

일본식 81수리 작명법의 '朴趾源' 이름의 길흉 판단

> 朴(성 박, 6획) 趾(발 지, 11획) 源(근원 원, 14획)
> 원: 趾(11)+源(14)=25수 ⇒ 건창격(健暢格) 재록운(財祿運) ○
> 형: 朴(6)+趾(11)=17수 ⇒ 용진격(勇進格) 창달운(暢達運) ○
> 이: 朴(6)+源(14)=20수 ⇒ 공허격(空虛格) 허망운(虛妄運) ✕
> 정: 朴(6)+趾(11)+源(14)=31수 ⇒ 개척격(開拓格) 흥가운(興家運) ○
> ☞ 소년운(원), 청년운(형), 노년운(정)은 매우 좋으나 중년운(이)은 공허하고 허망하여 좋지 않은 이름이다. 그러나 실제 삶은 의도적으로 일평생 곤궁하게 지냈으며, 조선 후기 현실의 부조리와 모순을 회피하지 않고 자신을 던진 올곧은 지식인으로서 명망이 높았다.

둘째 아들 박종채가 아버지인 박지원(1737-1805)의 신상·생활상·교우·업적·저술 등을 기록해 놓은 『과정록(過庭錄)』에 따르면 박지원은 영조 13년(1737, 丁巳) 음력 2월 5일(癸亥) 인(寅)시에 서울 서부 반송방 야동(冶洞) 집에서 태어났다(我英廟十三年, 二月五日, 癸亥寅時, 先君生於城西, 盤松坊冶洞第).[14]

박지원은 상업과 무역을 중시하며 경세치용 학문으로 조선의 사회·경제 개혁을 추구하였다. 현실 문제에 대해 예리한 비평을 가하고 ≪열하일기(熱河日記)≫ 등 많은 글들을 썼으며, <양반전> <허생전> <호질전> 등 문학을 통해 허구적인 현실을 날카롭게 풍자하였다.

---

14) 박종채 지음, 박희병 옮김, 『나의 아버지 박지원』(서울: 돌베개), 1998, p.15.

조선 후기 북학파를 대표하는 문사(文士)이자 진보적인 지식인으로 칭송받는 박지원의 이름을 모자음오행 성명학으로 구체적으로 분석해보면 다음과 같다.

박지원: ㅂ(土30) ㅏ(木40) ㄱ(木30)
　　　　ㅈ(金40) ㅣ(土60)
　　　　ㅇ(水30) ㅜ(火20) ㅓ(金20) ㄴ(火30)

☞ 木70 火50 土90 金60 水30, 土가 보다 강하고 水가 약하지만 오행이 두루 유행하는 이름이다.

1737.03.05(음력 02.05) 寅시, 서울 한성 출생

① 일간: 癸水(상관 성향)
② 일지: 亥水겁재 ⇒ 월간에 壬水겁재 투출
③ 월지(당령): 寅木(甲木) 상관(傷官) ⇒ 시간에 甲木투출, 일지 亥水가 甲寅木 상관의 장생(長生)

④ 寅亥합(일지+월지+시지) ☞ ③④로 상관(傷官)격 뚜렷
⑤ 丁火 편재(偏財)가 巳寅에 통근(通根)하여 유력(有力)
⑥ 丁壬합화(合化) 목기(木氣) ⇒ 상관으로 화기(化氣)
　☞ ①-⑥으로 상관생재(傷官生財)격이 매우 뚜렷
⑦ 지지가 모두 생지(生支·역마)인 寅巳亥
　☞ 활동성·개혁성·창조성 매우 뚜렷
⑧ 천을귀인(天乙貴人) 巳(연지)
⑨ 대운(大運)이 水金으로 흐른다.

　상관(傷官) 성향의 癸水일간이 亥·壬水가 있어 왕성하고, 寅월에 시(時)에 甲寅이 있어 상관(傷官)이 더욱 뚜렷하다. 그리고 연(年)에 丁巳火가 있고 火의 장생지인 寅木도 있어 재성(財星)도 매우 유력하다. 따라서 상관(傷官)이 생재(生財)하는 특성을 명확하게 갖고 있다.
　또한 지지에 생지(生支·역마)인 寅巳亥가 모두 있어서 활동성·개혁성·창조성·생산성도 매우 명확하다. 다만 대운이 水(비겁)와 金(인성)운으로 흐르므로 타고난 상관생재의 역량을 현실에서의 정책 실현보다는 학문으로 승화시키는 데 인연이 더 크다.
　이름 '박지원'의 모자음오행을 분석해본 바, 土가 보다 강하고 水가 약하나 오행이 두루 유행하는 이름이어서 타고난 水사주의 木火 상관생재(傷官生財) 성향을 돕고 조화가 되므로 그만의 독특한 학문적 명망을 크게 성취하였다.[15]

---

[15] 이름 한자 趾(발 지)는 足(발 족)부수로 한자 자원오행은 土이고, 源(근원 원)은 氵(물 수)부수로 한자 자원오행은 水이다. 土는 관성(官星)인데 상관생재격(傷官生財格)에서 정기신(精氣神)을 더욱 확장·순환시켜주므로 유용하다.

⑤ 연구자 부친 김종노(金鍾魯)

일본식 81수리 작명법의 '金鍾魯' 이름의 길흉 판단

金(성 김, 8획)   鍾(종 종, 17획)   魯(나라 노, 15획)
원: 鍾(17)+魯(15)=32수 ⇒ 순풍격(順風格) 왕성운(旺盛運) ○
형: 金(8)+鍾(17)=25수 ⇒ 건창격(健暢格) 재록운(財祿運) ○
이: 金(8)+魯(15)=23수 ⇒ 혁신격(革新格) 왕성운(旺盛運) ○
정: 金(8)+鍾(17)+魯(15)=40수 ⇒ 변화격(變化格) 공허운(空虛運) ×
☞ 소년운(원), 청년운(형), 중년운(이)은 매우 좋으나 노년운(정)은 부침(浮沈)이 많고 공허하여 좋지 않은 이름이다. 그러나 실제 삶은 소년부터 중년까지 매우 고단한 삶을 살았으며, 56세에 교통사고로 갑자기 돌아가셨다.

일본에서 국민학교만 마쳤다. 한국에서 지주(地主)와 정미소, 일본에서 장사로 돈을 모은 중부(中富)의 10남매 중 4남으로 태어났는데, 형들의 주색(酒色)과 도박으로 가산이 기울어 물려받은 재산이 전혀 없었다. 20庚寅대운 20살(庚寅)에 6.25전쟁이 발발하자 바로 입대하여 만4년을 군 복무하였다.

20庚寅대운 27살(丁酉)에 변변한 살림도 없이 혼인하여 단칸셋방에 살면서 배운 기술이 없어 스스로 자전거 수리와 철공 기술을 터득하여 자전거포와 철공소를 했는데 기술이 좋아서 30己丑대운부터 점차 인정을 받고 돈도 조금씩 모으기 시작했다. 그러나 40戊子대운부터 주변 사람들의 사기(詐欺)와 빚보증 때문에 손재(損財)가 많아서 경제적으로 늘 힘들어 했다. 그래서 술을 마시는 경우가 잦아졌다. 평생 동안 변변한 옷과 음식, 휴식을 거의 갖지 못했다. 50丁亥대운 56살(丙寅) 11월(己亥)에 교통사고로 돌아가셨다.

모자음오행 성명학으로 분석해보면,

김종노: ㄱ(木30) ㅣ(土40) ㅁ(土30)

　　　　ㅈ(金30) ㅗ(水40) ㅇ(水30)

　　　　ㄴ(火40) ㅗ(水60)

☞ 木30 火40 土70 金30 水130, 水가 매우 강하고 土는 보통이며 木火金은 미약한 이름이다.

　　1931.05.05(음력 03.18) 표시, 일본 오사카(大阪) 출생

```
    시    일    월    연
    丁    庚    壬    辛    천간
    정관  일간  식신  겁재
    丑    申    辰    未    지지
    정인  비견  편인  정인

         60 50 40 30 20 10
         丙 丁 戊 己 庚 辛
         戌 亥 子 丑 寅 卯
```

① 일간: 庚金(비견 성향)
② 일지: 申金비견 ⇒ 월간 壬水식신의 장생지(長生支)
③ 월지(당령): 辰土(戊土) ⇒ 월간 壬水식신의 고지(庫支)
④ 申辰합(일지+월지), 子水공협(拱挾), 월간에 壬水식신 투출 ⇒ 식신(食神)격 뚜렷하고 식신 격국(格局)으로 확장
⑤ 木재성(財星)이 출현하지 못하고 辰(월지)·未(연지)에 암장(暗

藏) ⇒ 식신생재(食神生財)로 이어지지 못해 노력의 결실(결과) 미약

⑥ 시간에 丁火정관(正官) 투출했으나 다소 허약 ⇒ 일간 庚金이 가로막아 월간 壬水와 丁壬합화(合化)木이 안 된다.

⑦ 연간에 辛金겁재 투출, 다소 유력 ⇒ 지지에 申金왕지와 土인성이 많아서

⑧ 지지에 土화개(華蓋)가 3개로 많다.
☞ 종교적·정신적·비(非)활동적 성향

⑧ 천을귀인(天乙貴人) 未丑(연지·시지)

⑨ 대운(大運)이 木水로 흐른다 ⇒ 천간운은 金土이다.

사주 원국상 水식신격국이지만 木재성이 암장되어서 생재(生財)로 발현되지 못해 결실이 매우 미약하다. 土인성이 많은 편이라 水식신이 극을 당하는 것도 좋지 않다. 사주 원국에서 좀 태과한 土가 모자음오행 성명학적으로 이름에서 제한되고, 사주 원국에서 매우 미약한 木재성이 모자음오행 성명학적으로 이름에서 많이 보완되었더라면 불행하지 않고 순탄한 삶을 살지 않았을까 생각한다.16)

---

16) 이름 한자 鍾(종 종)은 金(쇠 금)부수로 한자 자원오행은 金이고, 魯(나라 노)는 魚(물고기 어)부수로 한자 자원오행은 水이므로 사주 원국에서 木火가 미약한 점을 자원오행상으로도 보완하지 못하는 한자 이름이다.

⑥ 연구자 모친 우말순(禹末順)

일본식 81수리 작명법의 '禹末順' 이름의 길흉 판단

> 禹(성 우, 9획)　末(끝 말, 5획)　順(순할 순, 12획)
> 원: 末(5)+順(12)=**17수** ⇒ 용진격(勇進格) 창달운(暢達運) ○
> 형: 禹(9)+末(5)=**14수** ⇒ 이산격(離散格) 파괴운(破壞運) ×
> 이: 禹(9)++順(12)=**21수** ⇒ 자립격(自立格) 두령운(頭領運) △
> 정: 禹(9)+末(5)+順(12)=**26수** ⇒ 변괴격(變怪格) 영웅운(英雄運) △
>
> ☞ 소년운(원)은 좋으나 청년운(형)은 매우 흉하며 중년운(이)은 여자에게 다소 불리하며 노년운(정)은 영웅지략의 운이나 가정에는 불운이 따르는 이름이다.
> 실제 삶은 빈농(貧農)의 막내딸로 태어나 남편 뒷바라지하고 자식을 키우며 평범한 가정주부로 살았으며 53세에 남편과 사별하였고 80세부터 알츠하이머병(치매)으로 요양 투병 중이다.

　시골에서 국민학교만 마쳤다. 빈농(貧農)의 10남매 중 막내딸로 태어났다. 처녀 때 방직공장에서 일했으며 17辛未대운 24살(丁酉)에 혼인하여 남편 뒷바라지하고 자식(2남 1녀)을 키웠다. 남편의 잦은 빚보증과 사기 때문에 손재(損財)가 많아서 경제적으로 늘 전전긍긍했다. 47戊辰대운 53살(丙寅) 11월(己亥)에 남편이 교통사고로 사망하였다.

　57丁卯대운에 큰아들이 중견공무원(사무관)이 되자 비로소 경제적으로 안정되었고 그 배경으로 읍내에서 신뢰를 얻어 작은 사채 계를 수년 간 운영했다. 67丙寅대운 74살(丁亥)에 큰아들이 이혼하자 이후 크게 상심하였다. 77乙丑대운 80살(癸巳)에 알츠

하이머병을 진단받고 현재 요양 투병 중이다.

　모자음오행 성명학으로 분석해보면,

우말순: ㅇ(水40) ㅜ(火60)
　　　　　ㅁ(土30) ㅏ(木40) ㄹ(火30)
　　　　　ㅅ(金30) ㅜ(火40) ㄴ(火30)

☞ 木40 火160 土30 金30 水40, 火가 매우 강하고 나머지 오행들은 두루 미약한 이름이다.

　　　　1934.09.28(음력 08.20) 申시, 경북 칠곡 출생

시	일	월	연	
戊	壬	癸	甲	천간
편관	일간	겁재	식신	
申	寅	酉	戌	지지
편인	식신	정인	편관	

87 77 67 57 47 37 27 17 7
甲 乙 丙 丁 戊 己 庚 辛 壬
子 丑 寅 卯 辰 巳 午 未 申

① 일간: 壬水(식신 성향)
② 일지: 寅木식신 ⇒ 연간에 甲木 투출
③ 월지(당령): 酉金(辛金)정인
④ 申酉戌방합(시지+ 월지+ 연지)

☞ 인성(印星)격의 성향 뚜렷하다.
⑤ ④로 인해 월간 癸水겁재도 유력
⑥ 火재성이 출현하지 못하고 寅(일지)·戌(연지)에 암장(暗藏) ⇒ 寅申충으로 인해 암장된 火재성이 크게 손상되었다.
⑦ 일시지(日時支)의 寅申충: 酉월이라 寅식신(火장생)의 손상이 매우 크다 ⇒ 연간 甲木식신이 불안정, 시간 戊土편관도 불안정
⑧ 월일지(月日支)의 寅酉 원진(元嗔)
⑨ 대운(大運)이 火木水로 흐른다.

사주 원국상 金인성격이 뚜렷한데 木식신이 충(衝)으로 크게 손상되었고 암장된 火재성도 손상되어 발현하지 못했다. 따라서 식신생재(食神生財)로 순환되지 못해 결실이 매우 적으며 그 취득 과정도 순탄하지 못하다. 金인성의 설기(泄氣)가 과다하여 시간의 土관성도 허약하다. 火木운을 지나면서 원국의 부족한 점을 보완해주어 남편으로 인한 문제 외는 대체로 순탄하고 여유롭게 살았다. 사주 원국에서 필요한 火를 모자음오행 성명학적으로 이름에서 보완해준 것이 동년배의 여성에 비해 보다 나은 삶을 살아오는 데 도움이 되었을 것으로 생각한다.17)

---

17) 이름 한자 末(끝 말)은 木(나무 목)부수로 한자 자원오행은 木이고, 順(순할 순)은 頁(머리 혈)부수로 한자 자원오행은 火이므로 木火가 필요한 사주원국을 자원오행상으로는 보완해주는 적합한 한자 이름이다.

⑦ 『적천수천미(滴天髓闡微)』 저자 임철초(任鐵樵, 런티에챠오 RénTiěQiáo)

일본식 81수리 작명법의 '任鐵樵' 이름의 길흉 판단

> 任(맡길 임, 6획)　鐵(쇠 철, 21획)　樵(땔나무 초, 16획)
> 원: 鐵(21)+樵(16)=37수 ⇒ 정치격(政治格) 출세운(出世運) ○
> 형: 任(6)+鐵(21)=27수 ⇒ 중절격(中折格) 중단운(中斷運) ×
> 이: 任(6)+樵(16)=22수 ⇒ 박약격(薄弱格) 단명운(短命運) ×
> 정: 任(6)+鐵(21)+樵(16)=43수 ⇒ 성쇠격(盛衰格) 산재운(散財運) ×
> ☞ 소년운(원)은 좋으나 이후 청년운(형), 중년운(정)과 노년운(이)은 모두 나쁜 이름이다. 그러나 실제 삶은 청년운을 제외하고는 모두 괜찮았으며 살아갈수록 안정되고 좋아졌다.

1840년대 후반 임철초(런티에챠오)는 명대(明代) 초의 명리 원전(原典)인 『적천수(滴天髓)』에 자신의 새로운 주석과 실증 사례를 보태어 『적천수천미(滴天髓闡微)』를 지었다. 이 책은 사주명리의 요지를 항목별로 상세히 밝히고 513개의 사주 실례를 갖추어 이론을 실증하고 풍부한 주해를 담고 있으면서도 내용의 전개가 군더더기가 없으며 균형과 깊이가 있는 것으로 평가된다. 그 논의가 명쾌하고 심도가 있어서 학계에서는 명리학의 최상위 보전(寶典)으로 평가받고 있다.

1933년에 『적천수천미』를 찬집한 원수산(袁樹珊)의 서문과 본문 권2 통신론(通神論) 관살(官殺)의 내용에 의하면 임철초는 1773년(건륭 38) 4월 18일 辰時生이며 命造는 '癸巳 戊午

丙午 壬辰'으로 합관류살격(合官留殺格)이다. 관록과 재산이 많은 가문에서 태어났으나 형제들이 불초하여 가산탕진과 가정파탄이 있었으며, 부친이 돌아가신 후 호구지책으로 30살이 넘어서 명학(命學)을 공부하기 시작하여 75살이 넘은 만년까지도 추명(推命)을 업으로 하였다고 한다.

『적천수천미』를 간행한 원수산은 그 서언에서 『적천수천미』는 진지린(陳之遴)과 심효첨(沈孝瞻)

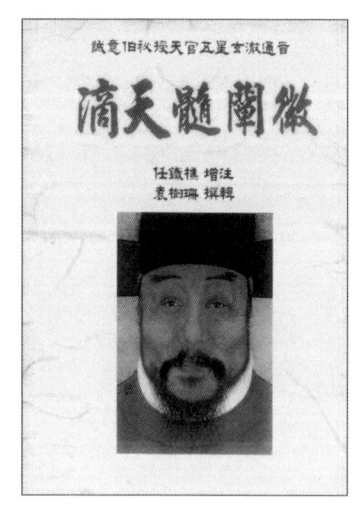

적천수천미(滴天髓闡微)

의 학설을 근본으로 삼았으며 다듬어진 필치, 정밀한 이치, 간결한 언어로 기술되어 있는데 명학에서는 보기 드문 귀중한 책[孤本]이라고 평하였다.18) 또한 원수산은 임철초의 증주(增註)를 보면 대개 진지린의 『명리약언(命理約言)』과 심효첨의 『자평진전(子平眞詮)』에서 그 이론을 채택했는데 진지린과 심효첨 모두 저장[浙江]19) 사람이며, 세 사람 모두의 생몰과 활동 연대 차이가 겨우 수십 년에서 100년 안쪽이니 임철초 또한 저장 사람일 것으로 추정된다고 하였다.

그리고 임철초는 명리의 본말을 꿰뚫고서 오행의 생극·쇠왕·전도(顚倒)의 이치를 논했는데 그중에서도 『적천수천미』의 가

---

18) 任鐵樵 증주, 袁樹珊 찬집, 『滴天髓闡微』(臺北: 武陵出版有限公司, 1997), 袁序, "學宗陳沈, 筆有鑪錘, 理必求精, 語無泛設, 誠命學中罕見之孤本也."
19) 중국 동남쪽 연해 지역으로 북으로는 상하이[上海]와 장쑤[江蘇] 지역과 인접해 있다.

장 핵심 요지는 바로 "왕한 것은 극해야 마땅하지만 지나치게 왕한 것은 오히려 설(洩)해줘야 하고, 약한 것은 생해야 마땅하지만 지나치게 약한 것은 오히려 극해줘야 한다(旺者宜剋, 旺極宜洩. 弱者宜生, 弱極宜剋)."는 두 문구라고 원수산은 말하였다.[20]

지금까지 내용을 종합해볼 때 원수산이 1933년에 간행한 『적천수천미』의 저본(底本)은 청초(淸初)인 1658년 진지린이 '추명술을 아는 어떤 사람이 지어서 유기의 이름을 빌렸다'고 평가한 『적천수』에 진지린 자신의 주석을 더하여 『적천수집요(滴天髓輯要)』를 저술해 소장했는데, 여기에 임철초가 증주(增註)하고 관복거사(觀復居士)가 원발(原跋)한 필사본이 간행은 되지 않은 채 저장 지역에서 전해오던 것이다. 이것이 1932년 원수산이 거주하던 전장[鎭江][21]에 들렀다가 원수산의 명성을 듣고 찾아온 형원주인(蘅園主人) 손군(孫君)에 의해 우연히 원수산의 손에 들어오면서 이듬해 4권으로 나뉘어 처음으로 간행되게 되었다.

중화민국의 명리학자 장신지(張新智)는 자평(子平)명리학의 발전 시기를 분류하면서 『적천수천미』를 최종 성숙기에 두었다.[22] 장신지의 평가에 따르면 임철초는 고체(古體)이고 심오하여 이해하기 어려운 원문과 원주를 반복인신(反覆引伸)하여서 글이 분명해지고 이치가 통달되도록 했으며 많은 명조의

---

20) 任鐵樵 증주, 袁樹珊 찬집, 『滴天髓闡微』(臺北: 武陵出版有限公司, 1997), <袁序>.
21) 중국 장쑤성[江蘇省]의 양쯔강 하류 남쪽 강변에 있는 항구 도시. 남으로는 저장 지역과 인접해있다.
22) 張新智, 「子平學之理論硏究」, 臺北: 國立政治大學中國文學硏究所 博士論文, 1991, 64쪽.

예(例)로써 실증을 하였다. 그래서 후학들을 인도하기에 충분하며 그 영향이 특별히 심원(深遠)하게 되었다. 또한 명(命)을 설명하면서 진지린의 『명리약언』·『적천수집요』와 심효첨의 『자평진전』에서 많이 취하였으며 비판적으로 계승하여 능히 일가(一家)를 완성하였다.

모자음오행 성명학으로 분석해보면,

런티에챠오: ㄹ(火30) ㅓ(金40) ㄴ(火30),
　　　　　　ㅌ(火40) ㅣ(土60/30)
　　　　　　ㅇ(水40/20) ㅓ(金30) ㅣ(土30),
　　　　　　ㅊ(金40) ㅑ(金60/30)
　　　　　　ㅇ(水60/30) ㅗ(水60)

☞ 木0 火100 土60 金140 水110, 木은 전혀 없고 金이 제일 강하고 水火도 강하며 土도 작용하는 이름이다.

1773.06.07(음력 04.18) 辰시, 浙江人

시	일	월	연	
壬	丙	戊	癸	천간
편관	일간	식신	정관	
辰	午	午	巳	지지
식신	겁재	겁재	비견	

80 70 60 50 40 30 20 10
庚 辛 壬 癸 甲 乙 丙 丁
戌 亥 子 丑 寅 卯 辰 巳

① 일간: 丙火(편관 성향)
② 일지: 午火겁재
③ 월지(당령): 午火(丁火)겁재
④ 巳午(火)방국
　☞ 재물을 겁탈 당하는 성향 매우 뚜렷하다.
⑤ 연과 시의 천간에 癸壬(水)가 투출했으나 지지에 金水가 없어 무력하다.
　☞ 戊癸가 합하여 火로 변화한 것도 좋지 않다.
⑥ 원국에 火를 생하는 木이 나타나지 않고, 시에 윤습(潤濕)한 辰土가 자리한 것이 큰 다행이다.
⑦ 대운(大運)이 火木金水로 흐르므로 초청년운(火木)에서는 재물이 흩어지고 흉하나 50세 이후(水金)로 갈수록 노력에 대한 결실이 맺어지고 삶이 평안해진다.

임철초(런티에챠오)가 자신의 저서인 『적천수천미』에서 자신의 명조를 평한 것을 옮겨보면 다음과 같다.

"이 사주는 戊癸가 합하면 반드시 火로 바뀌게 되니 壬水를 도울 수 없을 뿐만 아니라 火로 바뀌어 비겁(比劫) 火가 되어 오히려 양인(陽刃) 午火를 도와 미쳐 날뛰게 하며, 巳火중 庚金이 壬水를 생해주어 도울 수 없으므로 壬水가 비록 자신의 庫인 辰에 통근했더라도 결국 金의 생조(生助)가 없으니 청고(淸枯)한 상이다. 운이 40년 동안 木火로 흘러서 겁인(劫刃) 火를 생조해주기 때문에 위로는 부모의 뜻을 이루지 못하고, 아래로는 물려받은 고향땅을 지키지 못했고 창업(創業)도 하지 못했다. 골육을 나눈 육친(六親)들도 다만 그림 속의 떡과 같았고, 반평생의 사업도 뜬구름과 같았다. 30대 후반 卯운에 이르러 壬水는 절지(絶地)이고 양인(陽刃) 午火가 생을 만나니 골육의 변고를 당하여 집안이 기울고 가산을 탕진하기에 이르렀다. (…) 가업이 보잘 것 없이 몰락했으므로 마음을 기울여 명(命)을 배워서 먹고 사는 방편으로 삼았는데 (…)"23)

火가 매우 왕한 사주에 모자음오행 성명학상으로 이름에 木이 전혀 없어서 목생화(木生火)하지 않으며, 金이 제일 강하고 土도 작용하여 토생금(土生金)하여 식신생재(食神生財)를 하고 水도 두 번째로 강하여 왕성한 火를 제극(制剋)하는 좋은 이름이다.24) 그리고 50세 이후 대운도 水金으로 향하므로 명리상담을 업으로 하면서 중년운부터는 삶이 평탄해졌고 노년에는 『적천수천미』라는 역대 최고 경지의 명리 원전(原典)을 저술하여 명리학계에 남길 수 있었다.

---

23) 任鐵樵 증주, 袁樹珊 찬집, 『滴天髓闡微』(臺北: 武陵出版有限公司, 1997), <官殺>, 170-171쪽.
24) 이름 한자 任(맡길 임)은 人(사람 인)부수에 壬(천간 임)자가 결합한 모습이다. 鐵(쇠 철)은 金(쇠 금)부수에 '철'이나 '무기', '단단하다'라는 뜻을 가진 글자이다. 樵(땔나무 초)는 木(나무 목)부수에 음을 나타내는 焦(탈 초)가 합하여 이루어졌다. 따라서 한자 이름의 자원오행은 水金木火로 구성되어 있는데 木火가 강한 것은 사주원국과 조화되지 않는다.

⑧ 중화민국·홍콩 저명 명리학자 서락오(徐樂吾, 쉬러우 XúLèWú)

일본식 81수리 작명법의 '徐樂吾' 이름의 길흉 판단

> 徐(천천할 서, 10획)　樂(즐길 락, 15획)　吾(나 오, 7획)
> 원: 樂(15)+吾(7)=22수 ⇒ 박약격(薄弱格) 단명운(短命運) ×
> 형: 徐(10)+樂(15)=25수 ⇒ 건창격(健暢格) 재록운(財祿運) ○
> 이: 徐(10)+吾(7)=17수 ⇒ 용진격(勇進格) 창달운(暢達運) ○
> 정: 徐(10)+樂(15)+吾(7)=32수 ⇒ 순풍격(順風格) 왕성운(旺盛運) ○
> ☞ 소년운(원)은 나쁘나 이후 청년운(형), 중년운(정)과 노년운(이)은 모두 좋은 이름이다. 그러나 실제 삶은 전혀 그렇지 않았다.

서락오(쉬러우, 1886-1948)는 저장우옌(浙江武原) 동해인(東海人)으로 대대로 벼슬을 한 세족(世族) 출신이다. 젊은 나이에 정치에 간여하였고 훗날 상하이(上海)에 거주하면서 명리(命理) 연구에 전념하였고, 산명(算命)직업에 종사하였다. 40대에 일찍 홍콩(香港)으로 내려와 당시 고급호텔인 리우궈(六國)호텔에 오랫동안 머물면서 사람들에게 명(命)을 추산해주었다. 그는 (당시 산명가들이 사주의) 명(命)을 세운 뒤 '되는 대로 말하는(姑妄言之)' 행태가 많음을 비판하였다.

서락오는 근대 자평명리가들 중에서 서방파(書房派)의 대표라고 말할 수 있는데, 자평(子平) 고전에 관해 매우 깊이 공부했을 뿐만 아니라 진일보하여 자평 고전이론을 정리·정정·완선(完善)하였다. 서락오의 자평학은 용신과 격국을 위주로 하며 아울러 그만의 독자적인 견해에까지 이르렀다. 자평 고전인 『자평진전(子平真詮)』,

『궁통보감(窮通寶鑑)』, 『적천수(滴天髓)』 등을 정리·주석하는 데 힘을 기울여 한 시기에 크게 성행하였고 그 영향이 심원하였다. 중화민국시기와 당대의 원수산, 위천리(웨이치앤리)와 함께 모두 유명하였고 근대 명리학의 대가가 되었다.

모자음오행 성명학으로 분석해보면,

쉬러우: ㅅ(金40) ㅜ(火30) ㅣ(土30)
ㄹ(火40) ㅓ(金60)
ㅇ(水40) ㅜ(火60)

☞ 木0 火130 土30 金100 水40, 木은 전혀 없고 火가 제일 강하고 金도 강하며 土水는 약한 이름이다.

1886.04.06(음력 03.03) 申시, 浙江武原東海人

시	일	월	연	
丙	丙	壬	丙	천간
비견	일간	편관	비견	
申	申	辰	戌	지지
편재	편재	식신	식신	

59 49 39 29 19 9
戊 丁 丙 乙 甲 癸
戌 酉 申 未 午 巳

① 일간: 丙火(편관 성향)
② 일지: 申金편재, 壬水의 장생

③ 월지(당령): 辰土(乙木)식신
④ 申辰반합, 子공협, 壬水투출
  ☞ 편관(偏官)·칠살(七殺)격(국)의 성향이 뚜렷하다.
⑤ 천간에 丙火가 3개 나란히 투출, 연지 戌에 통근(通根)
⑥ 辰戌충으로 일간 丙火의 뿌리가 불안정
⑦ 살인상생(殺印相生)으로 통관(通關)해줄 수 있는 인성 木이 없다. 辰중에 乙木만 암장(暗藏)
⑧ 대운(大運)이 火金의 비겁과 재성운으로 흐른다. 천간운은 木火土의 인성·비겁·식상운으로 흐른다.
  ☞ 일간이 무근(無根)하므로 식상·재성운이 흉하다.

서락오(쉬러우)가 49세에 저술한 『고금명인명감(古今名人命鑑)』(1934)에서 자신의 명조(命造)를 평한 것을 옮겨보면 다음과 같다.

이전에 명리를 이해하지 못했을 때 술자(術者)에게 청하여 추산(推算)해보니, 어떤 이는 천간에 비견(比肩)이 3개 투출하고 칠살(七煞)이 홀로 맑게 투출하니 서로 의기투합하여 유망하다고 틀리게 말하였고, 어떤 이는 丙火가 申에 임하고 壬水를 만나니 일찍 죽을 징조라는 두려운 말을 하여 귀담아 들었다. 나(서락오)는 그들의 말이 마음에 들지 않아 발심하여 스스로 연구하였는데 술자(術者)들의 말이 모두 상관없음을 알았다.25)
연상(年上)에 비견이 있고 지지가 묘고(墓庫)이므로 관직(官職)

---

25) 徐樂吾, 『古今名人命鑑』(香港: 上海印書館, 1973), p.152, <樂吾自造>, "從前未解命理, 請術者推算, 或者以干透三朋, 獨煞透淸, 謬以有爲相許, 或者以丙臨申位逢壬水, 夭壽之徵, 危言聳聽. 余以其所言未能滿意, 發心自己硏究, 始知術者之言, 皆不相干."

에 오른 가문 출신이며 부친을 일찍 잃었고, 인수(印綬)가 보이지 않으므로 모친 또한 평범하지 않았다. 세 비견이 신(身)을 도우니 형제가 셋이고 서로 도움이 되는 바가 자못 크다. 재(財)가 살(殺)을 돕는 것을 꺼리며, 土가 火를 어둡게 하는 것 또한 좋지 않으므로 처와 자식이 모두 힘이 안 된다. 丙은 태양의 火이고 사주가 순양(順陽)이므로 성정(性情)이 조급하고 오만하며, 거리낌이 없고 솔직하여 남들과 어울리기가 어렵다.26)

癸水운은 살(殺)을 도우므로 큰 병이 위태로우나 다행히 巳火에 앉아 위기가 바뀌어 안심이 되었다. 14세에 부친을 잃었고 가정에는 변고가 많았다. 巳운에는 丙火가 녹(祿)을 얻기에 공부해서 시험 보는 것이 더욱 좋으므로 입시에 합격해서 학교에 진학하였다. 甲운은 편인(偏印)이 화살(化煞)하지만 안타깝게도 원국의 木이 무근(無根)하여 아쉽다. 비록 시험 무대에 나가는 게 매우 유리하여 정계(政界)에 몸을 두지만 뜻한 바의 성과를 낼 수 없었다. 午운은 丙火가 녹왕(祿旺)하여 광복을 맞이하고 모든 일이 매우 유리하였다.27)

乙운 甲寅·乙卯년은 대운과 세운이 모두 길하여 다시 정계에 들어갔다. 윗사람의 주목을 받아 앞날에 희망이 무한할 것 같았지만 역시 원국에 (木의) 근(根)이 없어서 한갓 헛꽃일 뿐이었다. 未운

---

26) 위의 책, p.152, <樂吾自造>, "年上干比地墓, 所以出身世族, 椿蔭早失, 印綬不見, 萱蔭亦不常. 三比幫身, 故弟兄三人, 頗得互助之益. 財滋殺爲忌, 土晦火亦非喜, 故妻子均不得力. 丙爲太陽之火, 四柱純陽, 故性情燥急孤傲, 落落難合也."
27) 위의 책, p.152, <樂吾自造>, "行運癸水助殺, 大病幾殆, 幸坐巳火, 轉危爲安. 十四歲失怙, 家庭多故. 巳運丙火得祿, 讀書考試尚利, 得列庠序. 甲運偏印化煞, 可惜局中木無根, 雖出塲甚利, 置身政界, 不能有所作爲. 午運丙火祿旺, 值光復, 諸事尚利."

은 조토(燥土)로서 火를 어둡게 하는데, 丙火는 水가 剋하는 것은 두려워 않지만 오직 단하나 土가 설기하여 빛이 어두워지는 것은 꺼려한다. 수년 동안 병이 나서 정신이 쇠퇴하였다.28)

丙운으로 바뀌자 약을 쓰지 않고도 병이 나았다. 비견(比肩)이 재(財)를 나누니 비록 큰 이로움은 없었으나 신(身)을 도와주니 길하였다. 申운은 재(財)가 살(煞)을 자양하는데 유년 壬申(1932)· 癸酉(1933)에 1·28사변(만주사변)을 만나 거의 집안이 기울만큼 가산을 탕진했지만 다행히 丙火가 개두(蓋頭)하였기에 일패도지 (一敗塗地)하여 발붙일 자리조차 없는 데까지는 이르지 않았다. 현재 아직 申운에 있으므로 비록 유년(流年)은 이롭지만 함부로 망동할 수 없다.29)

장차 丁운이 와서 壬과 합하여 화살(化殺)하면 좋은 운이 되지 만 이미 50살이 지났으므로 늙어서 할 일이 없으나 의식(衣食)을 걱정하는 데는 이르지 않을 것이다. 酉운은 申과 같은데 운세가 비교적 완만해서 1·28사변(1931.9-1932.2, 만주사변)과 같은 큰 변고를 다시 당하는 데는 이르지 않을 것이다. 戊는 메마른 土가 火를 어둡게 하므로 수원(壽元)이 여기에서 장차 마칠 것 같은데 아마도 61세에 죽지 않으면 63-64세가 된다[선생은 심장병을 치

---

28) 위의 책, pp.152-153, <樂吾自造>, "乙運甲寅乙卯年, 運歲均吉, 再入政界, 承上峯靑睞, 前途似有無限希望, 亦以局中無根, 虛花而已. 未運燥土晦火, 丙火不畏水剋, 獨忌土之洩氣晦光, 一病數年, 精神萎頓."
29) 위의 책, p.153, <樂吾自造>, "一交丙運, 不藥而愈, 比肩分財, 雖無大利, 然而幫身爲吉. 申運財來滋煞, 流年壬申癸酉, 遭一二八之變, 幾乎傾家蕩産, 尙幸丙火蓋頭, 不致一敗塗地, 無以立足. 現尙在申運, 雖流年尙利, 未敢妄動也."

료하지 못해서 63세 戊운 戊子년(1948)에 사망하였다].30)

총괄해보면, 일간 丙火의 근(根)이 미약한데 壬水 편관(칠살)격국의 성향이 매우 왕(旺)하므로 木으로써 살인상생(殺印相生)을 이루는 것이 가장 바람직하다. 그러나 대운(大運)에서조차도 木運을 만나지 못했고, 이름 '쉬러우'의 모자음오행에서도 木은 전혀 없고 오히려 金이 강하여 선천 사주를 보완해주지 못하고 있다. 그래서 처자식 인연이 좋지 않았고 일찍부터 가정에 변고가 많았으며 가산도 탕진하고 사회적 활동(정계)도 성과를 낼 수 없었던 것이다. 다만 일간의 근원이 되는 火가 대운에서 지속적으로 들어오고 '쉬러우'의 모자음오행에서도 火가 제일 강하여 49丁酉대운 중에 자평명리학의 고전들을 대거 주석·정리할 수 있었다.31)

49丁酉대운 중에 서락오(쉬러우)가 펴낸 저술 목록

『古今名人命鑑』 저, 1934(甲戌) 49세	『滴天髓徵義』 편주, 1935(乙亥) 50세
『命理尋源』 저, 1935(乙亥) 50세	『子平眞詮』 평주, 1936(丙子) 51세
『滴天髓補註』 보주, 1937(丁丑) 52세	『窮通寶鑑』 평주, 1937(丁丑) 52세
『子平粹言』 저, 1938(戊寅) 53세	『造化元鑰』 평주, 1941(辛巳) 56세

---

30) 韋千里, 『呱呱集』(香港: 上海印書館, 1976), p.57, <徐樂吾>, "將來丁運合壬化殺, 在運爲佳, 然而年已五十外, 老無能爲, 或者不致有衣食虞乎. 酉運同申, 而勢較緩, 或不致再遭大變如一二八之投乎. 戊運燥土晦火, 壽元至此將從, 如六十一不死, 當至六十三四(按樂吾先生, 固以心臟病之不治, 而死於六十三歲, 戊運戊子年)."
31) 이름 한자 樂(즐길 락)은 木(나무 목)부수로 한자 자원오행은 木이고, 吾(나 오)는 口(입 구)부수로 한자 자원오행은 水이다. 사주원국이 水칠살(七殺)의 성향이 강한 중에 木은 살인상생(殺印相生)이 되므로 좋으나 水는 그렇지 않다.

⑨ 중화민국·홍콩 저명 명리학자 위천리(韋千里, 웨이치앤리 WéiQiānLǐ)

일본식 81수리 작명법의 '韋千里' 이름의 길흉 판단

韋(다룸가죽 위, 9획)　千(일천 천, 3획)　里(마을 리, 7획)
원: 千(3)+里(7)=10수 ⇒ 단명격(短命格) 공허운(空虛運) ✕
형: 韋(9)+千(3)=12수 ⇒ 유약격(柔弱格) 고수운(孤愁運) ✕
이: 韋(9)+里(7)=16수 ⇒ 덕망격(德望格) 유재운(裕財運) ○
정: 韋(9)+千(3)+里(7)=19수 ⇒ 성패격(成敗格) 병악운(病惡運) ✕
☞ 중년운(이)을 제외하고는 일생동안 모두 좋지 않은 이름이다. 그러나 실제 삶은 일생 대부분 평탄하고 성공한 삶을 살았다.

위천리(웨이치앤리, 1911-1988)는 저장(浙江) 자싱인(嘉興人)으로 1911년 3월 31일(음력 3월 2일) 진(辰)시생이며, 중화민국 77년(1988)에 사망했다. 복단(複旦)대학교 문학과를 졸업한 중화민국의 저명한 명리학자로서 젊은 시절부터 뛰어난 인재였다. 1936년 서안(西安)사건 때 장개석(蔣介石) 총통의 부인인 송미령(宋美齡) 여사가 위천리 조사(祖師)를 거듭 찾아와 육임신과(六壬神課)를 점쳐본 적이 있는데 말한 것이 모두 증험되었다. 당시 장(蔣)부인이 위(韋) 대사에게 거의 10원의 은화를 선물해 위 대사의 이름이 떨쳐졌고, 원수산(袁樹珊) 대사와 함께 '남원북위(南袁北韋)'라는 큰 이름을 같이 얻었다. 같은 시대의 원수산(袁樹珊), 서락오(徐樂吾)와 함께 '상하이(上海)의 명학(命學) 3대가(三大家)'로 불렸다. 그는 3대가 중에서도 실전파로서 상하이에서 부친의 의발(衣鉢)을 계승하여 논명(論命)으로 사업을 일으켰는데 청승어람(青勝於藍)하여, 고관(高官), 귀인(貴人)과 서민백성이 모두 그의 자문 대상이었다. 20대부터 이름을 전국에 떨쳤으며, 일생동안 저술을 많이 했는데 『천리명고(千里命稿)』와 『팔자제요(八字提要)』가 대표작이다.

이처럼 위천리는 젊었을 때부터 상하이에서 간판을 걸고 산명(算命)하며, 아울러 개관(開館)하여 학생들을 가르쳤다. 그리고 1933년 23세에 『정선명리약언(精選命理約言)』, 1934년 24세에 『위씨명학강의(韋氏命學講義)』 편집 발행, 1935년 25세에 『천리명고(千里命稿)』 출판, 1942년 32세에 『상법강의(相法講義)』 출판, 1946년 36세에 『팔자제요(八字提要)』를 출판하였다. 1949년 39세 때 대륙이 해방되자(중화인민공화국이 건립되자) 위천리는 상하이를 떠나 홍콩에 가서 간판을 걸고 산명(算命)을 하였다. 1960년 50세에 상하이에서 『육임점복강의(六壬占卜講義)』 출판하고 아울러 『춘추잡지(春秋雜志)』에 <명운답의문(命運答疑問)(명운에 대한 질의에 답하는 글)>을 쓰기 시작하여 명성을 크게 떨쳤다. 1963년 53세에 『고고집(呱呱集)』 출판, 1965년 55세에 『신봉통고명리정종(神峰通考命理正宗)』 교서(校序), 1966년 56세에 서락오(徐樂吾)가 지은 『조화원약평주(造化元鑰評註)』 간행, 1979년 69세 타이베이에 가서 학문을 강의(이후 78세까지 대만과 홍콩을 오가며 명을 상담하고 학문을 강의하였다). 1988년 78세 12월 12일, 戊辰년 甲子월 辛丑일에 홍콩에서 병으로 서거하였다.

모자음오행 성명학으로 분석해보면,

웨이치앤리: ㅇ(水40) ㅜ(火20) ㅓ(金20) ㅣ(土20/10)
　　　　　ㅇ(水40/20) ㅣ(土60),
　　　　　ㅊ(金40) ㅣ(土60/30)

ㅇ(水30/15) ㅏ(木20) ㅣ(土20) ㄴ(火30),
ㄹ(火40) ㅣ(土60)

☞ 木20 火90 土180 金80 水75, 木이 가장 약하고 土가 제일 강하며 火金水는 두루 비슷한 이름이다.

1911.03.31(음력 03.02) 辰시, 浙江嘉興人

시	일	월	연	
庚	庚	辛	辛	천간
비견	일간	겁재	겁재	
辰	子	卯	亥	지지
편인	상관	정재	식신	

79 69 59 49 39 29 19 9
癸 甲 乙 丙 丁 戊 己 庚
未 申 酉 戌 亥 子 丑 寅

① 일간: 庚金(비견 성향)
② 일지: 子水상관
③ 월지(당령): 卯木(乙木)정재
④ 亥卯반합, 재성(財星) 강화
⑤ 子辰반합, 식상(食傷) 강화
  ☞ 식상생재(食傷生財) 성향이 매우 뚜렷하다.
⑥ 천간에 庚庚비견, 辛辛겁재 투출, 지지에 무근(無根)
⑦ 火관성 없다, 子卯형(월일지)
⑧ 대운(大運)이 水金으로 식상운과 일간의 근(根)인 녹인(祿刃)운으로 흐른다. 천간운은 土火木으로 인성·관성·재성운으로 흐른다.

☞ 土金의 인성·녹인(祿刃)운이 길하다.

위천리(웨이치앤리)는 53세에 저술한 『고고집(呱呱集)』(1963)의 자신의 명조(命造)해석에서 본인의 명운(命運)이 대체로 좋았다고 겸손하게 밝혔다. 위천리가 본인의 명조를 『고고집』에서 평한 것을 옮겨보면 다음과 같다.

"식자(識者)들은 모두 火가 없는 것이 안타깝다고 말한다. 그러나 춘금(春金)이 당령(當令)하지 않았고, 土가 부족하게 태어났으며 또한 무근(無根)하다. 비록 천간에 庚辛이 나란히 서 있지만, 『자평진전(子平眞詮)』에서 말하길 "(천간에) 비견 3개를 얻어도 (지지에) 장생(長生)이나 녹인(祿刃) 하나를 얻은 것만 못하다."32) 고 했으니 비겁이 무리로 많지만 일원(日元)이 무기하여 진강(眞强)이 아니다. 더군다나 亥卯가 목국(木局)을 이루고 子辰이 수국(水局)을 이루어서 水木이 모두 金을 꺾고 있다. (…) 유감스럽게도 신(身: 金)이 재(財: 木)를 감당하지를 못하여 부옥빈인(富屋貧人)의 허물을 면하기 어려우니 내가 오늘도 온종일 문필로써 생계를 세우지만 엉성 조잡한 것이 바로 이것이다. 그런즉 부귀(富貴)는 모두 크게 바랄 것이 없으므로 나는 장차 오래토록 스스로 수양하려고 하였다. (…) 지나온 운을 살펴보면 丑운은 아직 순리(順利)하였고, 戊운은 재차 진일보하였고 子운은 병과 주색으로 액이 있었으나 戊가 개두(蓋頭)하여 생명에는 위험이 없었다. 丁운에는 점차 나아졌고 亥운에는 가만히 엎드려 지냈다. 丙운에는

---

32) 沈孝瞻 著, 徐樂吾 評註, 『子平眞詮評註』(臺北: 武陵出版有限公司, 1999), p.70, <論十干得時不旺失時不弱>, "得三比肩, 不如得一長生祿刃."

허명(虛名)이 크게 드러났으며 내년(54세) 戌운부터도 재차 높이 오르므로 유명해지거나 유리할 것이다."33)

총괄해보면, 천간에 庚庚비견, 辛辛겁재 투출했으나 지지에 무근(無根)하며 水木 식상생재(食傷生財) 성향이 매우 뚜렷하다. 대운이 水식상운과 일간의 근원인 金운으로 흐르므로 사주원국 및 격국(格局)과 배치되지 않아 유리하다. 이름 '웨이치앤리'의 모자음오행에서도 木이 가장 약하고 土가 제일 강하여 선천 사주를 보완해준다. 그래서 순탄한 삶을 살 수 있었고 20대 초반부터 평생 명성을 크게 떨치고 높였던 것이다.34)

---

33) 韋千里, 앞의 책, pp.58-59, <千里自造>, "識者咸謂憾於無火. 然春金固非當令, 乏土之生, 則且無根. 縱天干庚辛林立, 子平眞詮云:「得三比肩, 不如得一長生祿刃」, 可見徒多比劫, 而日元無氣, 非是眞强. 矧又亥卯會成木局, 子辰會成水局, 水與木皆有挫於金乎. (…) 無如身不任財, 難免「富屋貧人」之譏, 正合我今日之筆耕終朝, 硯田枯澀者也. 然則富貴皆無大望, 我將永自韜養矣. (…) 查行運. 丑運尙屬順利, 戊字更進一步, 子運陌於病與酒色, 因蓋頭屬戊, 故無生命之危. 丁運稍濟, 亥運伏櫪. 丙運頗著虛名. 明年行戌運, 更上層樓, 有名或亦有利矣."
34) 이름 한자 千(일천 천)은 十(열 십)부수로 한자 자원오행은 水이고, 里(마을 리)는 그 자체가 부수로서 한자 자원오행은 土이다. 水는 정재격(正財格)에 식상(食傷)이므로 괜찮으나 土는 인성(印星)으로서 식상생재(食傷生財) 성향의 사주원국과는 부적합하다.

⑩ 육자진언(六字眞言) '나무아미타불'·'옴마니반메훔'

불교 수행에서 진언(眞言)이 차지하는 비중은 매우 크다. 진언이란 산스크리트어 'Mantra'의 한역(漢譯)으로 '신성한 힘이 내재된 말'이라는 뜻이며 그것을 염송(念誦)함으로써 성스러운 힘을 발현시키는 것이다.

'나무아미타불'과 '옴마니반메훔'은 우리나라에서 가장 널리 알려진 진언이다. '나무아미타불'은 아미타불에게 귀의(歸依, 돌아가 의지)한다는 뜻이다. 아미타불(阿彌陀佛)은 중생을 제도하기 위한 48가지 서원을 세우고 오랜 수행 끝에 그것을 성취하여 서방정토(西方淨土) 극락세계에서 법을 설하는 부처이다.

'옴마니반메훔'은 크게 옴, 마니, 반메, 훔의 네 부분으로 이루어져 있는데35), 온 우주에 충만하여 있는(옴) 지혜(마니)와 자비(반메)의 덕성이 지상의 모든 존재에게 그대로 실현될지어다(훔)라는 뜻이다.

엠페도클레스(Empedocles), 아리스토텔레스(Aristotle)를 비롯한 그리스 철학자들은 '모든 물질이 물(water), 공기(air), 불

---

35) 육자진언은 산스크리트어(로마자 표기)로는 oṃ maṇi padme hūṃ, 티베트어(로마자 표기)로는 oṃ mani peme hūṃ이라 발음한다. 그러나 우리나라에서는 '옴마니반메훔'이라 발음하는 것이 일반적이다. 인도의 산스크리트어를 기준 한다면 '옴마니파드메훔', 티베트로는 '옴마니페메훔'이다.

그러나 한글화 과정에서의 번역문은 '옴마니반메훔'이다. 한글대장경에 사용한 번역문의 한글화 표기는 1962년 여름 해인사(海印寺) 소소산방(笑笑山房)에서 위원회를 발족하여 1963년 2월 16일 선학원(禪學院)에서 범자표기심의회(梵字表記審議會)를 구성하여 제정한 것이다. 승려와 한글학자로 구성된 당시 심의위원은 이운허, 법정, 이기영, 서경수, 고창식, 김방한, 이희승, 최현배 등이다.

(fire), 흙(earth)의 4가지 원소(元素)로 이루어져 있다'는 4원소설을 주장하였다.

불교에서도 사람을 포함한 우주 만물이 땅[地], 물[水], 불[火], 바람[風]의 4대(大) 요소로 이루어졌다고 본다. 만물을 형성하는 이 네 가지 중요한 요소인 4대[원소]가 짐짓 모였다가 흩어졌다가 하면서 사람을 포함한 세상의 모든 모양을 만들었다가 없어졌다 하는 것으로 보는 것이다. 즉 지수화풍(地水火風)이라고 하는 4대[원소]는 우리가 눈으로 보는 일체의 현상[色과 法]을 만드는 것이다.

땅[地]은 오행상 土에 대입할 수 있는데, 중앙에 위치하여 사방의 다른 오행을 두루 포용하며 중재하고 조절함으로써 어느 한쪽으로 기운이 치우치는 것을 막는 역할을 한다. 오행(五行)을 음양(陰陽)으로 보면 木火는 양(陽), 金水는 음(陰)이며 土는 음양을 겸비한 결합체이다.

물[水]은 오행상 水, 불[火]은 오행상 火에 대입할 수 있다. 십이지(十二支)의 육충화기(六衝化氣), 즉 육기(六氣)에서 사해(巳亥)를 풍목(風木)이라 하고, 주역(周易) 팔괘 중 오손풍(五巽風 ☴)이 목행(木行)에 속하듯이 바람[風]과 오행상 木은 밀접하게 상호 연관된다. 그러므로 바람[風]은 木으로 대입할 수 있다.

'나무아미타불'의 모자음 소리오행 분석

나	무	아	미	타	불
ㄴ(火40) ㅏ(木60)	ㅁ(土40) ㅜ(火60)	ㅇ(水40) ㅏ(木60)	ㅁ(土40) ㅣ(土60)	ㅌ(火40) ㅏ(木60)	ㅂ(土30) ㅜ(火40) ㄹ(火30)
木180, 火210, 土170, 金0, 水40 = 총합600					
火가 가장 많고, 木土는 비슷하며, 金은 전혀 없다.					

'나무아미타불'의 소리오행 분석에서 총합 600가운데 火가 210으로 제일 강하고, 木土는 180, 170으로 비슷하며, 水는 60으로 약하다. 그리고 그리스 철학의 4원소와 불교의 4대 요소에 들지 않는 金은 0으로 놀랍게도 전혀 포함되지 않았다.

그리고 각 글자의 초성자음과 중성모음의 구성관계를 살펴보면, '나'는 火木, '무'는 土火, '아'는 水木, '미'는 土土, '타'는 火木, '불'은 土火火로서, 같은 土土로 비등(比等)인 '미'를 제외하고 모두 '木火土金水' 오행의 상생작용을 이루고 있다.

'옴마니반메훔'의 모자음 소리오행 분석

옴	마	니	반	메	훔
ㅇ(水30) ㅗ(水40) ㅁ(土30)	ㅁ(土40) ㅏ(木60)	ㄴ(火40) ㅣ(土60)	ㅂ(土30) ㅏ(木40) ㄴ(火30)	ㅁ(土40) ㅔ(金30 土30)	ㅎ(水30) ㅜ(火40) ㅁ(土30)
木100, 火110, 土260, 金30, 水100 = 총합600 土가 가장 많고, 木火水는 비슷하며, 金이 가장 적다.						

'옴마니반메훔'의 소리오행 분석에서 땅[地]에 해당하는 土의 성분이 260으로 가장 강하다. 그리고 '옴마니반메훔'의 각 글자에 ㅁ(土30) ㅁ(土40) ㅣ(土60) ㅂ(土30) ㅁ(土40) ㅣ(土30) ㅁ(土30)으로 두루 포함되어 있다. 이는 음양을 겸비하고 다른 오행을 두루 포용하는 土의 특성을 보여주는 것이다.

땅[地] 외의 다른 요소인 물[水], 불[火], 바람[風]에 해당하는 水, 火, 木이 각각 100, 110, 100으로 거의 같은 비중으로 고루 포함되어 있다. 다만 불교에서 사람과 우주 만물을 구성하는 사대(四大) 요소에 포함되지 않는 金은 30으로 가장 낮은 비중을 차지하고 있다.

물[水]은 만물의 시원(始原)이고 생명력의 근본이 된다. 물은 만물을 탄생시킨 창조력의 원천, 즉 원수(原水)로서 우주적 기원과 생명력을 상징한다. 우주 법계를 전체적으로 상징하는 '옴'과 우주 원리의 개별상을 상징하는 '훔'에만 물[水]이 ㅇ(水30), ㅎ(水30)으로 포함되어 있는 것은 물은 만물의 근원이고 우주적 기원과 생명력을 상징하는 원수(原水)로서의 의미를 함축하고 있음을 잘 보여주는 것이다.

⑪ 대한민국 영화 초창기 명배우 김승호(金勝鎬),
본명 김해수(金海壽)

일본식 81수리 작명법의 '金勝鎬·金海壽' 이름의 길흉 판단

金(성 김, 8획) 勝(이길 승, 12획) 鎬(호경 호, 18획)
원: 勝(12)+鎬(18)=30수 ⇒ 불측격(不測格) 불안운(不安運)
  ×
형: 金(8)+勝(12)=20수 ⇒ 공허격(空虛格) 허망운(虛妄運) ×
이: 金(8)+鎬(18)=26수 ⇒ 만달격(晩達格) 영웅운(英雄運) △
정: 金(8)+勝(12)+鎬(18)=38수 ⇒ 문예격(文藝格) 학사운(學士運) ○
☞ 소년운(원)·청년운(형)은 매우 흉하나, 중년운(정)부터는 조금씩 좋아지는 이름이다.

金(성 김, 8획) 海(바다 해, 10·11획) 壽(목숨 수, 14획)
원: 海(10·11)+壽(14)=24·25수 ⇒ 출세격(出世格)·축재운(蓄財運)○ / 건창격(健暢格)·재록운(財祿運)○
형: 金(8)+海(10.11)=18·19수 ⇒ 발전격(發展格)·융창운(隆昌運)○ / 성패격(成敗格)·병악운(病惡運)×
이: 金(8)+壽(14)=22수 ⇒ 박약격(薄弱格)·단명운(短命運)×
정: 金(8)+海(10·11)+壽(14)=32·33수 ⇒ 순풍격(順風格)·왕성운(旺盛運)○ / 등룡격(登龍格)·융성운(隆盛運)○

☞ 초년운(원)과 노년운(정)은 좋고 청년운은 좋거나 나쁘며, 중년운은 흉한 이름이다.
그러나 실제 삶은 유복하게 성장했으며 20-30대에 연극배우로서 왕성하게 활동했고, 40대 중반까지 영화배우로서 인생의 최전성기를 보내다가 51세에 고혈압으로 별세하였다.

본명은 해수(海壽). 강원도 철원에서 유복한 집안의 외아들로 태어나 서울에서 성장했다. 배우의 자질에 눈을 뜬 건 보성중학교 때 선생님의 권유로 연극을 하면서부터이다. 1937년 당시 상업극의 중심이었던 동양극장 청춘좌에서 배우 활동을 시작했다.

≪시집가는 날≫(1957, 丁酉)은 김승호의 배우 경력을 전성기에 들게 한 전환점이었다. 이 영화의 성공은 엄청난 흥행 수입과 국내 언론의 호평에만 그치지 않았다. 이 영화는 그해 5월 일본 도쿄에서 열린 제4회 아시아태평양영화제에서 특별상인 최우수 희극영화상을 수상했다. 이는 한국영화가 해외에서 인정받은 최초의 사례였다. 이를 계기로 김승호는 정상급 연기자로 발돋움했다.

이후 ≪로맨스 빠빠≫, ≪마부≫, ≪돈≫, ≪인생차압≫, ≪박서방≫, ≪삼등과장≫, ≪굴비≫, ≪돌무지≫ 등 250여 편의 영화에 출연하면서 1950-60년대 한국영화 초창기의 대표적인 연기자로 주목받았다. 아시아태평양영화제 남우주연상(1960·1961·1963), 베를린국제영화제 은곰상(1961) 등을 수상했다.

그러나 한국영화의 장르가 다양화되면서 김승호의 출연 빈도도 줄어들게 된다. 1965년(乙巳) 김포공항에서 촬영 도중 이를 중단시키려는 세관원들에게 욕설을 퍼붓고 공무집행 방해로 물의를 빚은 데다, 본인이 제작자로 나선 영화들의 연이은 실패로 빚을 지고 1968년(戊申) 부정수표법 단속 위반혐의로 구속되면서 그동안 쌓아 온 김승호의 이미지는 크게 실추되고 그해 51세에 고혈압으로 사망했다.36)

---

36) ≪한국일보≫ 2019.10.12. [플래시백 한국영화 100년] 한국적 아버지상 빚어낸 배우 김승호.

≪로맨스 빠빠≫(1960)의 김승호, 아들역 신성일

모자음오행 성명학으로 분석해보면,

김승호: ㄱ(木30)　ㅣ(土40)　ㅁ(土30)

　　　　ㅅ(金30)　ㅡ(土40)　ㅇ(水30)

　　　　ㅎ(水40)　ㅗ(水60)

☞ 木30 火0 土110 金30 水130, 火는 전혀 없고 水土가 매우 강하고 木金은 약하게 작용하는 이름이다.

김해수: ㄱ(木30)　ㅣ(土40)　ㅁ(土30)

　　　　ㅎ(水40)　ㅏ(木30)　ㅣ(土30)

　　　　ㅅ(金40)　ㅜ(火60)

☞ 木60 火60 土100 金40 水40, 土가 제일 강하고 木火金水가 고르게 작용하는 이름이다.

1918.08.19(음력 07.13) 寅시, 강원 철원 출생

시	일	월	연	
甲	戊	庚	戊	천간
편관	일간	식신	비견	
寅	戌	申	午	지지
편관	비견	식신	정인	

57 47 37 27 17 7
丙 乙 甲 癸 壬 辛
寅 丑 子 亥 戌 酉

① 일간: 戊土(편인 성향)
　☞ 연간에도 戊土가 투출하고 유력.
② 일지: 戊土비견(火묘고지)
③ 월지(당령): 申金식신(水장생지)(壬水)
④ 申戌(金)방국-酉金공협(拱挾), 월간에 庚金식신 투출.
　☞ 자신의 재능을 표현하는 식상(食傷)의 성향이 매우 뚜렷.
⑤ 寅午戌(火)삼합
　☞ 한 가지 일에 몰두하는 장인(匠人)·편인(偏印)의 성향도 뚜렷.
⑥ 시상(時上)에 甲木편관, 시지(時支)는 寅木편관
　☞ 권력성을 의미하는 편관(偏官)의 성향도 뚜렷.
⑦ 원국에 水재성이 나타나지 않았다.
　그러나 17-46세 대운(大運)이 水로 흐른다.
※ 사주가 건조하고 비겁(比劫)이 왕성하므로 土는 좋지 않고 水가 있어서 윤택해지고 식상생재(食傷生財)가 되면 좋다. 정기

신(精氣神) 계통에서 결국 神인 水氣가 보완되어야 한다.

모자음오행 성명학으로 분석해보면, 예명과 본명 모두 土가 매우 강한 이름이지만, 火가 전혀 없고 水土가 매우 강한 '김승호'란 예명이 선천사주에 보다 적합하다. **만약 모자음오행 성명학으로 이름에서 土가 약화하고 水가 더욱 강화되었다면 배우와 인생으로서 계속 순탄하게 좋아졌을 것이다.** 수운(水運)이 약해지는 47 乙丑대운부터 배우로서 인생이 하락하기 시작하였고, 丑戌형도 작용하므로 급작스런 변화를 예고한다.37)

---

37) 이름 한자의 자원오행상 金(성 김)은 金이고, 勝(이길 승)은 朕(나 짐)자와 力(힘 력)자가 결합한 모습이다. 朕자는 노를 저어 배를 움직이는 모습을 그린 것으로 천자가 자신을 뱃사공에 비유하여 나라를 이끌어간다는 뜻이다. 여기에 力자가 더해져 나라를 이끌어가는 천자가 힘을 발휘한다는 뜻을 표현한 것이다. 鎬(호경 호)는 金부수로 金이다. 본명 海(바다 해)와 壽(목숨 수)에서 海는 氵(물 수)부수로 水이고, 壽자는 士(선비 사)자가 부수로 지정되어 있지만 '선비'와는 아무 관계가 없다. 왜냐하면, 壽자의 금문을 보면 밭에 나와 이것저것을 참견하던 노인을 표현한 것이다.

⑫ 충무공 이순신(李舜臣)

일본식 81수리 작명법의 '李舜臣' 이름의 길흉 판단

> 李(성 이, 7획) 舜(순임금 순, 12획) 臣(신하 신, 6획)
> 원: 舜(12)+臣(6)=18수 ⇒ 발전격(發展格) 융창운(隆昌運) ○
> 형: 李(7)+舜(12)=19수 ⇒ 성패격(成敗格) 병악운(病惡運) ×
> 이: 李(7)+臣(6)=13수 ⇒ 총명격(聰明格) 지달운(智達運) ○
> 정: 李(7)+舜(12)+臣(6)=25수 ⇒ 건창격(健暢格) 재록운(財祿運) ○
> ☞ 청년운(형)은 나쁘고 다른 운들은 모두 좋은 이름이다.

전란에서 나라와 민족을 구했던 우리 민족사의 영웅 충무공 이순신 장군은 덕수(德水) 이씨로 1545년 3월 8일(음력) 새벽에 한성(漢城) 건천동(乾川洞: 지금의 중구 인현동)에서 부친 이정(李貞)과 모친 초계(草溪) 변씨(卞氏)의 3남으로 태어났다.

1576년(丙子) 32세에 과거시험의 무과에 급제하여 권지훈련원봉사(權知訓鍊院奉事)로 처음 관직에 나갔다. 그러나 무관으로 발을 들여놓은 진로는 순탄하지만은 않았다. 1586년(丙戌) 42세에 조산보만호 겸 녹도둔전사의(造山堡萬戶兼鹿島屯田事宜)가 되었는데, 이때 국방의 강화를 위하여 군사를 더 보내줄 것을 중앙에 요청하였으나 들어주지 않던 차에 호인(胡人)의 침입을 받고 적은 군사로 막아낼 수 없어 부득이 패하게 되었다. 그런데 조정에서는 그것이 오로지 이순신의 죄라 하여 문책하였으나 다행히 중형은 면하였다.

1589년(己丑) 45세에 정읍 현감을 지냈고 유성룡에게 추천되어 1591년(辛卯) 47세에 전라좌수사에 임명되었다. 1592년(壬辰) 48세에 임진왜란이 발발하자 5월 7일 옥포해전에서 왜군을 무찌

르기 시작하여 해전에서 연전연승하였다. 1598년(戊戌) 11월 19일 54세에 노량해전에서 전사하였다. 이후 인조(仁祖)는 충무(忠武)라는 시호를 내렸고 정조(正祖)는 영의정으로 올려 모셨다.

모자음오행 성명학으로 분석해보면,

이순신: ㅇ(水40) ㅣ(土60)
　　　　ㅅ(金30) ㅜ(火40) ㄴ(火30)
　　　　ㅅ(金30) ㅣ(土40) ㄴ(火30)

☞ 木0 火100 土100 金60 水40, 木은 전혀 없고 火土가 매우 강하고 金水도 함께 작용하는 이름이다.

1545.04.28(음력 03.08) 새벽(寅시), 한성 건천동(乾川洞) 출생

시	일	월	연	
戊	庚	庚	乙	천간
편인	일간	비견	정재	
寅	午	辰	巳	지지
편재	정관	편인	편관	

48 38 28 18 8
乙 丙 丁 戊 己
亥 子 丑 寅 卯

① 일간: 庚金(비견 성향)
☞ 바로 옆 월간에 庚金이 또 있어서 주체성·추진성·경쟁성·적극성 등이 더욱 강하다.

② 일지: 午火(정관)
☞ 시지 寅木과 寅午 火반합을 이루고 연지에 巳火가 있고 水(식상)이 없어서 火관살(官殺)의 기운이 가장 왕성하다.
③ 월지(당령): 辰土편인(戊土편인) ⇒ 水(식상)의 고지(庫支)
④ 계춘(季春)인 辰월이므로 연간 乙木과 시지 寅木 재성(財星)이 유력하다. 그래서 목생화(木生火)로 火관살의 기운을 더욱 보태준다.
⑤ 시간 戊土와 월지 辰土는 편인(偏印)으로서 일간 庚金을 자양(滋養)해준다.
⑥ 水식상(食傷)이 미약하고 火관살(官殺)의 기운이 매우 왕성하므로 개인적인 희망보다는 공공(公共)의 안녕과 발전을 위해 희생 봉사하려는 성향이 매우 뚜렷하다.
⑦ 38 丙子대운에는 丙火편관이 투간하고 子水상관이 子辰 水반합으로 교차하고 午火정관을 충(衝)하므로 명예운과 구설운이 교차한다. 48 乙亥대운에 임진왜란이 발발하는데 亥水식신이 巳火편관을 충거(衝去)한다.
☞ 천간으로 들어오는 水운은 乙木정재를 생해주므로 좋으나 지지로 들어오는 水운은 午火정관과 巳火편관을 충거하므로 좋지 않다.

사주원국상 木(재성)⇒火(관성)⇒土(인성)⇒金(본인·비견)으로 상생되면서 木火土가 모두 왕성하고 水(식상)는 매우 미약하다.
모자음오행 성명학상 木은 전혀 없고 火土가 매우 강하고 金水도 함께 작용하는 이름이므로 사주원국과 조화되는 좋은 이름이다.[38]

---

38) 이름 한자의 자원오행상 李(성 이)는 木이고, 舜(순임금 순)은 나팔꽃이 무성하고 흐드러지게[舛 어그러질 천] 피었다는 뜻을 나타내므

맺음말

한글은 사람의 성음(聲音)도 우주만물의 일환으로 모두 음양오행의 이치를 갖고 있으므로 태극·음양·오행·삼재로 귀결되는 역철학적 원리와 사상에 준하여 만들어진 언어이다. 따라서 그 배경에는 역학사상이 함축되어 있을 뿐만 아니라 철학적 사유 요소까지도 내포하고 있는 유일한 언어로 평가받고 있다.

그러나 한자문화권(漢字文化圈)에 속한 우리의 언어와 문자 체계는 소리글자인 한글과 뜻글자인 한자가 공존한다. 그래서 작명법들도 모두 한글의 발음과 한자의 획수·자원 등을 작명의 준거로 취용하고 있는데 부정합(不整合)한 경우가 많아, 본 연구에서는 그 문제점들을 분석 규명하였다.

한자(한글) 이름의 글자 획수를 계산하는 방법, 수리의 오행 배속, 한자(한글) 이름의 글자 획수를 계산하여 그 배합한 수로 4~5개의 격을 정한 후 81개의 수에 각각 배정하여 그 길흉을 판단하는 작명법, 한자의 부수와 자의에 따른 자원오행의 구분 등은 작명가들마다 그 기준과 해석이 제각기 다르다.

초성발음오행 작명법의 경우 후음과 순음의 오행 배속 착종, 중성 모음과 종성 자음 오행의 적용 배제라는 심각한 문제점을 갖고 있다. 결국 이런 오류들은 논리적 일관성과 타당성·객관성을 확보하여 학술적 경지로 나아가야 할 성명학의 발전을 저해하고 있다.

로 木火이다. 음(音)을 빌어 중국의 옛 순임금의 이름을 쓴다. 臣(신하 신)은 고개를 숙인 사람의 눈[目]을 그린 것이므로 木이다. 다른 글자와 결합할 때도 監(볼 감)·臥(누울 와)처럼 사람의 눈과 관련된 의미를 갖는다. 木의 자원오행을 강하게 지닌 한자 이름이므로 사주원국과 조화되지 않는다.

그리하여 본 연구에서는 음양오행론과 천지인 삼원론이 중심인 훈민정음 제자 원리와 역학 사상에 근거하여, 선천 사주의 격국과 용신·형상 등을 분석해서 후천적으로 보완할 음양과 오행을 파악한 후, 이에 해당하는 한글 모음과 자음의 조합으로 이름자를 선정하여 선천 사주가 중화(中和)를 이루거나 수기(秀氣)가 유행하는데 도움이 되도록 하는 새로운 발음오행 성명학인 모자음오행 성명학을 연구 제안하였다. 이는 초성(자음)만으로 작명하는 현행 초성발음오행 작명법에 중성(모음)과 종성(자음)까지 함께 고려해서 작명하므로 완전한 삼원(三元)오행 성명학이 된다.

이름은 그 사람을 대표하는 이미지와 상징 가운데 하나이다. 그래서 이름은 단순히 몇 음절의 단어에 그치는 것이 아니라 자기 존재의 또 다른 모습으로 작용한다. 그러나 이름이 사람의 운명을 절대적으로 좌우한다고 보기는 어렵다. 하지만 선천적인 사주를 후천적으로 보완하여 중화(中和)에 이르게 하는 변수로서 전공과 직업, 배우자와의 궁합, 풍수지리적 환경 등과 더불어 '이름'이라는 성명학적 요소를 빼놓을 수는 없다.

그러나 가장 중요한 것은 당사자가 자신의 인생을 행복하게 영위하려는 의지와 노력이다. 그런 의지와 노력도 없이 단지 이름에 기대어 운명을 바꾸려 한다면 매우 어리석다. '인정승천(人定勝天, 사람이 뜻을 정하여 노력하면 하늘의 운명도 극복할 수 있다)'이라 타고난 사주는 정해져 있어도 사람의 인생은 정해지지 않았음을 명심해야 한다.

현재 성명학적으로 좋은 이름을 지으려는 사회적 수요는 여전히 큰 데 반해 작명법에 모순이 많으며 성명학이 학술적 체계를 올바로 정립하지 못하고 있다. 늦었지만 이제부터라도 현행 작명법과 성명학에 대해 학술적·체계적으로 연구 분석해서 사람들이 행복한 삶을 실현하는데 본 연구가 작으나마 보탬이 될 수 있기를 희망한다.

　이 밖에도 대법원 선정 인명용 한자의 현실적 재검토, 횡행하는 불용(不用)한자의 학술적 검토, 성명학에 대한 인식 전환과 연구 수준의 심화 등은 성명학계가 시급하게 해결해야 할 당면 과제이다. 이에 대해서도 권익기 박사께서 지속적으로 연구를 진행하여 현재 일정한 연구 성과를 달성하였는데 조만간 책으로 묶어서 출간할 예정이다. 많은 관심과 격려를 바란다.

참고문헌

『공동번역 성서』, 대한성서공회, 1986.
국립국어연구원, 『표준국어대사전』, 두산동아, 1999.
두산동아사서편집국, 『동아 백년옥편』, 두산동아, 2003.
민중서림편집국, 『漢韓大字典』, 민중서림, 2003.
강신항, 『운해 훈민정음 연구』, 한국연구원, 1967.
강신항, 『훈민정음연구』, 성균관대학교출판부, 1999.
강희숙, 「드라마 인물의 명명에 대한 사회언어학적 연구」, 『우리말글』 58, 우리말글학회, 2013.
강희숙·양명희·박동근, 『한국인 이름의 사회언어학』, 역락, 2016.
강희숙·양명희·박동근, 「해방 이후 한국인 이름의 특성 및 변천 양상에 대한 사회언어학적 연구」, 『어문연구』 73, 어문연구학회, 2012.
고영진, 「음양오행설의 언어이론 가능성 모색」, 『한민족문화연구』 29, 한민족문화학회, 2009.
구광모, 「창씨개명정책과 조선인의 대응」, 『국제정치논총』 45(4), 한국국제정치학회, 2005.
국어단체연합 국어문화원, 『누구나 알아야 할 한글 이야기 10+9』, 문화체육관광부, 2013.
권오호, 『우리문화와 음양오행』, 교보문고, 1999.
권의경·이민청 저, 김은하·권영규 역, 『오운육기학 해설』, 법인문화사, 2000.
권익기, 「대법원 선정 인명용(人名用) 한자(漢字)에 관한 고찰: 인명용 한자의 변화와 논란을 중심으로」, 『동방문화와 사상』 5, 동방문화대학원대학교 동양학연구소, 2018.
권익기, 「동문선(東文選)의 인명설(人名說) 고찰: 이름과 이름짓기를 중심으로」, 『한국학연구』 78, 고려대학교 한국학연구소, 2021.
권익기, 「이름의 금기문자(禁忌文字) 고찰: 피휘(避諱)와 불용문자(不用文字)를 중심으로」, 『한국학연구』 75, 고려대학교 한국학연구소, 2020.
권익기, 「한글소리 이름짓기의 비판적 고찰」, 『한국학』 162, 한국학중앙연구원, 2021.

권혁승, 「이름의 의미와 성서시대의 작명법」, 『활천』 540, 기독교대한성결교회 활천사, 1998.

김다은, 『훈민정음의 비밀』, 생각의 나무, 2008.

김동소, 『중세 한국어 개설』, 한국문화사, 2003.

김동완, 「사주(성격)성명학에 나타난 성격유형과 진로적성과의 상관관계 연구」, 동국대학교 교육대학원 석사학위논문, 2001.

김만태, 「한국 사주명리의 활용양상과 인식체계」, 안동대학교 대학원 박사학위논문, 2010.

김만태, 『한국 사주명리 연구』, 민속원, 2011.

김만태, 「한국 일생의례의 성격 규명과 주술성」, 『정신문화연구』 34(1), 한국학중앙연구원, 2011.

김만태, 「현대 한국사회의 이름 짓기 방법과 특성에 관한 고찰: 기복신앙적 관점을 중심으로」, 『종교연구』 65, 한국종교학회, 2011.

김만태, 「훈민정음의 제자원리와 역학사상: 음양오행론과 삼재론을 중심으로」, 『철학사상』 45, 서울대학교 철학사상연구소, 2012.

김만태, 「창씨개명 시기에 전파된 일본 성명학의 영향」, 『동아시아문화연구』 57, 한양대학교 동아시아문화연구소, 2014.

김만태, 「현대 한국사회의 이름짓기 요건에 관한 고찰: 발음오행 성명학을 중심으로」, 『한국민속학』 62, 한국민속학회, 2015.

김만태, 『한국 성명학 신해』, 좋은땅, 2016·2018.

김만태, 「한국 성명학(姓名學) 연구의 현황과 과제」, 『동방문화와 사상』 3, 동방문화대학원대학교 동양학연구소, 2017.

김만태, 「모자음오행(母子音五行)의 성명학적 적용 연구」, 『동방문화와 사상』 6, 동방문화대학원대학교 동양학연구소, 2019.

김만태, 「『훈민정음해례(訓民正音解例)』에 의거한 모자음(母子音)오행성명학의 실증사례 분석」, 『민족사상』 14(3), 한국민족사상학회, 2020.

김만태, 「한글에 함축된 음양 배속, 오행 상생, 천지인 삼원 사상 고찰」, 『한국민족문화』 81, 부산대학교 한국민족문화연구소, 2022.

김방한, 『언어학논고(Ⅱ)』, 서울대학교출판부, 1985.

김백만, 「성명학에 대한 인식」, 『새국어생활』 1(1), 국립국어원, 1991.

김백만, 『가정작명법』, 명문당, 1991.

김상묵, 『좋은 이름 바로 짓기』, 동학사, 1997.
김세봉, 「한국인의 성과 이름에 대하여」, 『동양학』 13, 단국대학교 동양학연구소, 2002.
김슬옹, 「'훈민정음'을 만든 원리와 속성」, 『세종대왕과 훈민정음학』, 지식산업사, 2010.
김슬옹, 「<훈민정음> 해례본 간송본의 역사와 평가」, 『한말연구』 37, 한말연구학회, 2015.
김연재, 「『홍범황극내편』에 나타난 채침의 수본론과 그 세계관: 송대 상수역학의 사유지평을 중심으로」, 『유교사상연구』 42, 한국유교학회, 2010.
김영동, 「『악학궤범』에 나타난 악리 연구: 「오성도설」을 중심으로」, 연세대학교 대학원 석사학위논문, 2003.
김영환, 「<해례>의 중세적 언어관」, 『한글』 198, 한글학회, 1987.
김용욱, 「韓國姓氏에 관한 法制史的 硏究」, 『가족법연구』 9, 한국가족법학회, 1995.
김필동, 「일제의 창씨개명정책과 족보: 지역 종족집단의 대응전략」, 『사회과학연구』 21(4), 충남대학교 사회과학연구소, 2010.
남수원, 『姓名學』, 명문당, 1995.
데일 카네기 지음, 최염순 옮김, 『카네기 인간관계론』, 카네기연구소, 2003.
마빈 토케이어 지음, 전풍자 옮김, 『종합 탈무드』, 범우사, 2000.
마영미, 「이름에 대한 사회문화적 고찰」, 『중국조선어문』 2010(6), 길림성민족사무위원회, 2010.
맹정훈, 『바른 작명학 강의』, 고원, 2005.
무크하우스 편집부, 『베이비 네이밍』, 무크하우스, 2004.
민재홍, 「중국인의 성씨(姓氏)와 이름(名字) 연구」, 『중어중문학』 40, 한국중어중문학회, 2007.
민재홍, 「중국인의 성씨(姓氏)와 시대별 이름 짓기(命名)의 특징」, 『중국문화연구』 15, 중국문화연구학회, 2009.
박승목, 「성명학의 이론정립과 과제」, 공주대학교 대학원 석사학위논문, 2005.
박창원, 『훈민정음』, 신구문화사, 2005.

박환영,「현대 몽골인명(人名)의 민속학적 일고찰」,『한국민속학』 36, 한국민속학회, 2002.

방립천 지음, 이기훈·황지원 옮김,『문제로 보는 중국철학: 우주·본체의 문제』, 예문서원, 1997.

서소옥·황영오,『작명·개명 실전서』, 동방의 빛, 2013.

송재국,「주역의 삼재사상과 인간이해」,『동서철학연구』 17, 한국동서철학회, 1999.

송하순,「성씨별 항렬자 연구」, 공주대학교 대학원 석사학위논문, 2008.

신도희,「성명의 시대적 변천과정과 사용현황 연구」, 경기대학교 국제문화대학원, 석사학위논문, 2007.

신상용,「성명학의 작명원리 연구」, 경기대학교 문화예술대학원 석사학위논문, 2013.

안승웅,「한국인의 작명실태에 관한 연구」, 원광대학교 동양학대학원 석사학위논문, 2010.

양명희·강희숙·박동근,「인명에 대한 언어 태도 연구: 고등학생 자녀와 그 부모 세대를 중심으로」,『사회언어학』 21(3), 한국사회언어학회, 2013.

염경만,『복 받는 이름 짓는 법』, 예가, 1998.

유승국,『한국의 유교』, 세종대왕기념사업회, 1980.

유정기,『국학문제논집』, 상지사, 1979.

유희수,「중세 작명 방식에 나타난 친족 구조의 성격」,『서양중세사연구』 10, 한국서양중세사학회, 2002.

이광숙,「사회계층과 작명」,『어학연구』 17(1), 서울대학교 언어교육원, 1981.

이대화,「'창씨개명' 정책과 조선인의 대응」,『숭실사학』 26, 숭실대학교사학회, 2011.

이복규,「한국인의 이름에 대하여」,『온지논총』 16, 온지학회, 2007.

이상배,「성경에 나타난 작명과 개명에 대한 연구」, 안양대학교 신학대학원 석사학위논문, 1998.

이상백,『한글의 기원-훈민정음 해설』, 통문관, 1957.

이성구,『훈민정음연구』, 동문사, 1985.

이승일,「식민지 조선과 대만의 창씨개명·개성명 비교 연구」,『대동문화연구』

76, 성균관대학교 대동문화연구원, 2011.

이옥주, 「≪사성등자≫연구」, 이화여자대학교 대학원 석사학위논문, 1996.

이정호, 『훈민정음의 구조 원리』, 아세아문화사, 1978.

이찬구, 『인명용 한자사전』, 명문당, 2011.

이훈종, 「우리나라 작명에 관한 연구」, 『건대학술지』 14, 건국대학교, 1972.

임삼업, 『작명 백과사전』, 삼한출판사, 2007.

임재해, 「티베트 출산풍속의 생태학적 이해와 '환생'의 생명관」, 『비교민속학』 16, 비교민속학회, 1999.

전병철, 「이름에 나타난 음운현상 고찰」, 『언어학』 6, 한국중원언어학회, 2002.

전완길, 『한국인의 행동철학』, 오늘, 1987.

정경일, 『한국운서의 이해』, 아카넷, 2002.

정대철, 『노자의 마음으로 도덕경을 읽다』, 한얼미디어, 2004.

정대현, 『한국어와 철학적 분석』, 이화여자대학교출판부, 1985.

정보국, 『작명보감』, 밀알, 1992.

정보국, 『작명대전』, 가림출판사, 1994.

정주수, 『창씨개명 연구』, 동문, 2003.

조용현, 「도구·의식·언어」, 『과학과 철학』 5, 과학사상연구회, 1997.

주림림, 「한국과 중국의 이름에 관한 비교 연구」, 충남대학교 대학원 석사학위논문, 2009.

채서영, 「한국인의 영어 이름 사용실태와 작명 방식 변화에 대한 영어의 영향」, 『사회언어학』 12(2), 한국사회언어학회, 2004.

채소영, 「성명학의 이론적 고찰」, 공주대학교 대학원 석사학위논문, 2011.

최경봉·시정곤·박영준, 『한글에 대해 알아야 할 모든 것』, 책과함께, 2013.

최순권 외, 『수복, 장수를 바라는 마음』, 국립민속박물관, 2007.

최재성, 「'창씨개명'과 친일 조선인의 협력」, 『한국독립운동사연구』 37, 독립기념관 한국독립운동연구소, 2010.

최현배, 『고친 한글갈』, 정음문화사, 1982.

판원진일, 「"明治民法"의 성씨제도와 "創氏改名"(朝鮮)" 改姓名(臺灣)의 비교분석」, 『법사학연구』 22, 한국법사학회, 2000.

필사자 미상, 『작명비요』, 1914, 국립중앙도서관 소장.

하영삼, 『한자어원사전(漢字語源辭典)』, 도서출판 3, 2021.
허 웅, 『국어학: 우리말의 오늘·어제』, 샘문화사, 1983.
허 웅, 『한글과 민족문화』, 세종대왕기념사업회, 1999.
허황회, 「일본인의 이름: 앙케트 조사를 중심으로」, 『일본문화연구』 28, 동아시아일본학회, 2008.
홍일표, 「일본의 식민지 '동화정책'에 관한 연구: '창씨개명'정책을 중심으로」, 서울대학교 대학원 석사학위논문, 1999.
홍정, 『이것이 성명학이다』, 가교, 1998.
萬民英, 『三命通會』, 臺北: 武陵出版有限公司, 1996.
徐升 편저, 『淵海子平評註』, 臺北: 武陵出版有限公司, 1996.
兪曉群, 『數術探秘: 數在中國古代的神秘意義』, 北京: 三聯書店, 1995.
任鐵樵 증주, 袁樹珊 찬집, 『滴天髓闡微』(臺北: 武陵出版有限公司, 1997.
張新智, 「子平學之理論硏究」, 臺北: 國立政治大學中國文學硏究所 博士論文, 1991.
許愼 찬, 段玉裁 주, 『說文解字注』, 上海: 上海古籍出版社, 1988.
宮田節子·金英達·梁泰昊, 『創氏改名』, 東京: 明石書店, 1992(정운현, 『창씨개명』, 학민사, 1994).
水野直樹, 『創氏改名: 日本の朝鮮支配の中で』, 東京: 岩波新書, 2008(정선태, 『창씨개명: 일본의 조선지배와 이름의 정치학』, 산처럼, 2008).
熊﨑健翁, 『姓名の神秘』, 東京: 紀元書房, 2009.
井川觀象, 『(姓名判斷) 名前のつけ方』, 東京: 泰光堂, 1940.
村山智順, 『朝鮮の占卜と豫言』, 朝鮮總督府, 1933.
『日本人名大事典(新撰大人名辭典)』 제1권, 東京: 平凡社, 1990.
『日本人名大事典(新撰大人名辭典)』 제4권, 東京: 平凡社, 1990.

그림 출처

63쪽, 삼성 창업자 호암 이병철: 네이버(NAVER) 프로필
63쪽, 전 UN사무총장 반기문: 네이버(NAVER) 프로필
63쪽, 조용필과 제19집 앨범: ≪경향신문≫ 2013.04.24.
120쪽, 영화 ≪하늘과 땅≫:
　　　　다음(Daum) 영화 (https://movie.daum.net/moviedb)
123쪽, 인텔 칩셋의 태극 문양: ≪중앙일보≫ 2005.05.24.
123쪽, 인공위성에서 촬영한 허리케인:
　　　　NASA Earth Observatory(https://earthobservatory.nasa.gov)
124쪽, 대통령 문양: ≪조선일보≫ 2008.01.04.
127쪽, 일월오봉병(日月五峰屛): 국립고궁박물관(https://www.gogung.go.kr)
218쪽, ≪로맨스 빠빠≫(1960)의 김승호, 아들역 신성일: ≪중앙일보≫
　　　　2011.05.10.

* 본 책에 사용한 그림들에 대하여 '저작권 침해 의사 없음'을 밝힌다.